本书的出版得到以下项目资助：
● 国家自然科学基金项目（51805169）
● 江西省教育厅科学技术研究项目（GJJ170421）
● 江西省交通运输厅科技项目（214R0009，2015D0061）

人机共驾智能车辆行为决策建模与安全性评估方法

严利鑫 著

西南交通大学出版社
·成 都·

图书在版编目（CIP）数据

人机共驾智能车辆行为决策建模与安全性评估方法 / 严利鑫著. —成都：西南交通大学出版社，2020.8
ISBN 978-7-5643-7514-0

Ⅰ. ①人… Ⅱ. ①严… Ⅲ. ①汽车驾驶 - 自动驾驶系统 - 系统建模 - 研究②汽车驾驶 - 自动驾驶系统 - 安全技术 - 评估 - 研究 Ⅳ. ①U463.61

中国版本图书馆 CIP 数据核字（2020）第 134396 号

Renji Gongjia Zhineng Cheliang Xingwei Juece Jianmo yu Ånquanxing Pinggu Fangfa
人机共驾智能车辆行为决策建模与安全性评估方法

严利鑫　著

责任编辑	李华宇
封面设计	GT 工作室
出版发行	西南交通大学出版社 （四川省成都市金牛区二环路北一段 111 号 西南交通大学创新大厦 21 楼）
邮政编码	610031
发行部电话	028-87600564　　028-87600533
网址	http://www.xnjdcbs.com
印刷	四川煤田地质制图印刷厂
成品尺寸	170 mm × 230 mm
印张	9.5
字数	202 千
版次	2020 年 8 月第 1 版
印次	2020 年 8 月第 1 次
书号	ISBN 978-7-5643-7514-0
定价	88.00 元

前 言

智能车的出现为降低交通事故发生概率提供了良好的解决方案和契机，尤其是针对由于驾驶人不可靠性和不稳定性导致的交通事故。但是考虑到当前的技术条件和社会接受度等问题，完全的自动驾驶在短期内还无法实现和推广。因此，在较长的一段时间内，机器和驾驶人共同对车辆进行操作控制（即人机共驾）将是一个重要的发展趋势。在人机共驾过程中，针对当前的交通环境及人车状态，如何选择合适的驾驶模式是研究的重点问题之一。此外，对驾驶安全性进行评价，也是提高车辆行驶安全性的关键步骤。本书针对以上问题，综合考虑驾驶人生理特性变化的影响，通过对多传感器采集的属性进行筛选，提出了人机共驾智能车系统驾驶模式决策选择模型，并对不同驾驶模式下的车辆行驶安全性进行了评价分析。

本书主要的研究工作如下：

（1）根据人机共驾智能车系统的特点，构建了人机共驾智能车系统模拟实验系统和实车实验系统，考虑到不同驾驶行为险态场景的危险性，设计了基于驾驶模拟器和生物反馈仪的驾驶人生理特性采集系统。根据车辆运动的特性，设计了车辆运动特征信息采集系统。针对人机共驾智能车系统模式切换和人机交互的要求，搭建了人机共驾智能车系统模拟实验平台，能够实现由人工驾驶向警示辅助模式及自动驾驶模式的切换。在此基础上，设计并开展了相关的测试实验。

（2）综合考虑车辆行驶过程中驾驶人生理心理指标变化特性，提出了驾驶行为险态的辨识方法。通过查阅相关文献及分析实验数据，确定了能够表征驾驶行为险态的生理特征指标，并在此基础上，采用多组合 K-均值聚类方法对特征指标进行进一步优化，最终确定采用血流量脉冲值（BVP）和皮肤表面电位（SC）两个指标对驾驶行为险态进行辨识。模拟实验结果显示，提出的基于驾驶人生理特性的驾驶行为险态辨识方法具有较高的精度和可靠度。

（3）提出了人机共驾智能车系统决策属性选择算法。以信息增益理论为基础分析了属性与属性间、属性与类之间的相关性和冗余性，提出了基于改进马尔科夫毯（MB-NEW）的属性选择方法，该方法引入了最大条件互信息（CMIM）和边界阈值ε分别从属性冗余性和计算收敛速度两方面对马尔科夫毯方法进行改进和提高。另外，考虑到属性选择的准确性，本书还融合信息增益和多分类方法对人机共驾智能车系统决策属性选择进行了分析。结果表明，采用 MB-NEW 方法、融合信息增益和多分类方法都得出驾驶人经验、车头时距、车道中心距、加速度、前轮转角标准差和车速六个属性为驾驶模式决策的最优因子集。此外，采用 FARS（死亡事故报告系统）中交通事故严重程度数据对 MB-NEW 算法进行测试发现，该算法对数据量较大的数据集具有较高的执行速度和准确率。

（4）采用驾驶行为险态辨识结果对驾驶人自汇报的驾驶模式选择结果进行了标定，并在此基础上构建了基于多分类支持向量机（M-SVM）的驾驶模式决策模型。其中 M-SVM 的核函数参数和惩罚因子采用遗传算法进行优化。结果表明，相较于其他模式识别方法，本书所提出的优化后的 M-SVM 具有更高的识别准确率。

（5）针对多模式驾驶对行驶安全性的影响问题，提出一种驾驶安全性评价方法。该方法从状态感知、决策判断和操作动作三方面对行驶安全性进行综合评价。考虑到评价结果具有一定的不确定性，采用贝叶斯网络方法对驾驶安全评价模型进行构建。模型敏感性分析结果表明，采用所构建的贝叶斯网络进行驾驶安全性评价较为合理。

本书的创新之处有：

（1）提出了融合生理特性的驾驶行为险态辨识聚类模型，剖析了驾驶人生理特性与驾驶行为险态等级间的关联关系，并在此基础上筛选出 BVP 和 SC 两个生理特性指标构建驾驶行为险态辨识模型，为人机共驾智能车系统驾驶模式选择奠定基础。

（2）提出了基于马尔科夫毯（IAMB）的驾驶模式决策属性选择算法。本书提出的属性选择算法不仅考虑了属性选择对分类正确性的影响，还考虑了属性选择的效率问题，通过结合设定选择参数和条件信息增益计算方法对算法传统的马尔科夫毯方法进行了优化。

（3）提出了将模式识别方法应用于人机共驾智能车系统驾驶模式决策建模领域。利用遗传算法优化后的多分类支持向量机方法构建了人机共驾智能车系统驾驶模式决策模型，通过不断优化，最终得到最优的驾驶模式选择结果。

全书由严利鑫撰写，研究生李珍云、龚毅轲做了部分图表编辑工作，本科生邓光阳、雷雯萱、李雪丹、刘浩、逯清羽、刘凯和吕泽对书中部分数据进行了收集和整理。武汉理工大学贺宜副教授、华东交通大学周涂强博士、万平博士对本书的出版提出了宝贵的意见，在此表示衷心的感谢；同时感谢武汉理工大学智能交通系统研究中心为本书中的实验数据提供了平台支撑，感谢美国威斯康星大学-麦迪逊分校秦伶巧博士提供了数据支持；感谢华东交通大学交通运输与物流学院领导、同事们的帮助与支持。

本书的出版得到了国家自然科学基金项目（51805169）、江西省教育厅科学技术研究项目（GJJ170421）和江西省交通运输厅科技项目（2014R0009，2015D0061）的资助，在此一并表示感谢。

鉴于作者水平有限，书中难免存在疏漏之处，敬请各位同行专家学者批评指正，以便该书能够不断完善，为智能网联汽车的发展贡献绵薄之力。

严利鑫

2020 年 5 月

目录

1 绪 论

本章首先介绍了本书的研究背景与意义，其次介绍了相关理论的国内外研究现状及研究方法，最后对研究内容、研究技术路线及研究创新点进行了阐述。

1.1 研究背景与研究意义

1.1.1 研究背景

汽车的发明给人类出行和生活带来了极大的便利，而传感器技术和车辆制造技术的飞速发展也为汽车的广泛应用提供了良好的契机。相关调查研究表明，近年来我国机动车保有量急剧增长。截至 2015 年底，我国登记在案的机动车数量达到 1.72 亿辆，其中私家车占有量达到 44.4%，平均每百户家庭机动车拥有量达到 31 辆。这项数据在发达的大城市（如深圳、上海）更是惊人地达到 60 辆/百户家庭[1]。由此可见，汽车在人们的日常生活中扮演着日益重要的角色，并逐渐成为人们出行的首选交通工具。

汽车保有量的飞速增长提高了人们的出行效率和舒适性，但是庞大的车辆数量也给交通运输系统带来了巨大的压力，并由此引发了大量的交通事故，给国家带来了巨大的经济损失，也时刻威胁着人们的出行安全。《国民经济和社会发展统计公报》的调查数据表明（见图 1-1 和图 1-2）：经过相关部门的努力，近五年来，我国万车死亡率正在逐年下降，由 2011 年的 2.8 人下降到 2015 年的 2.1 人。但是由于汽车保有量的急剧增长，我国交通事故死亡人数仍然出现了小幅度增长，由 2011 年的 29 618 人增加到了 2015 年的 36 178.8 人。此外，统计表明，我国 2015 年全年生产安全事故死亡人数共计 66 182 人，而由交通事故引发的死亡人数高达 36 178.8 人，占死亡总数的 54%[2]。由此可见，我国交通安全形势依然极其严峻。

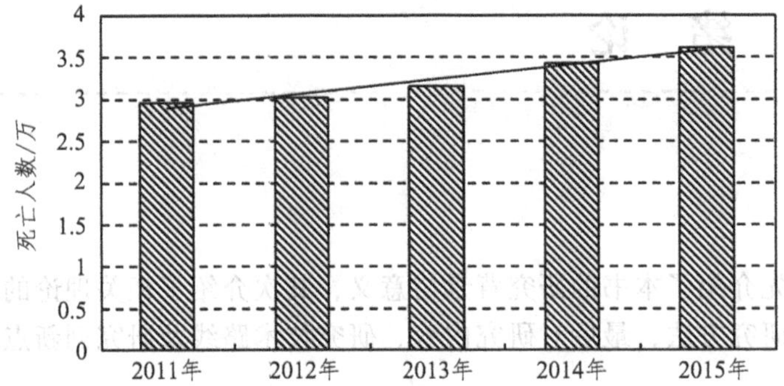

图 1-1　我国交通事故死亡总人数统计（2011—2015 年）

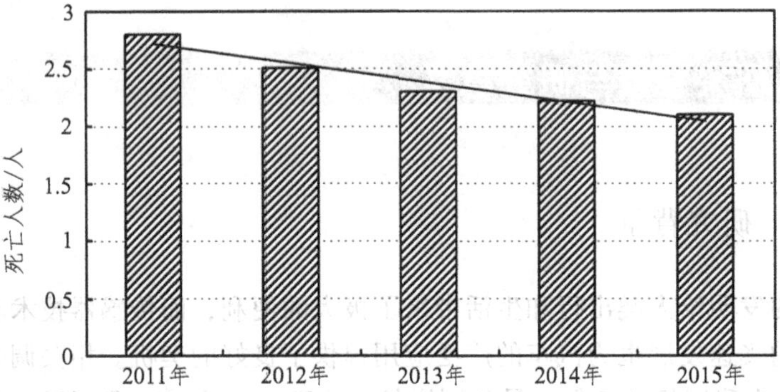

图 1-2　我国万车死亡人数统计（2011—2015 年）

为了有效地降低道路交通事故发生率及其死亡率，我国交通管理部门对道路交通事故发生的影响因素进行了大量的统计分析。研究认为“违法行驶”和“无证驾驶”是导致这些事故的两大主要原因。道路交通事故统计年报对交通死亡事故致因分析的结果如图 1-3 所示[3]。

由图 1-3 可知，道路使用者是导致交通事故发生的主要原因，而机动车驾驶人是道路使用者的主体，由于其操作不当或者违法行驶导致的交通事故数量占总量的 78.3%。由此可见，规范驾驶人行为、增强驾驶人技能和意识培训是降低交通事故数量的关键。而对于一些极端的驾驶行为险态，如攻击性驾驶、超速驾驶、酒后驾驶和疲劳驾驶等，迫切需要先进的安全辅助系统和自动驾驶系统的介入，进而达到规避驾驶风险的目标。

在此背景下，智能车辆迅速发展并正逐渐融入和影响我们的生活。2019 年，Waymo 公司公布数据显示，旗下无人驾驶车辆在实际道路上的测试里程已经突破 1 600 万千米，并且逐步推出无人驾驶出租车收费服务。而谷歌和

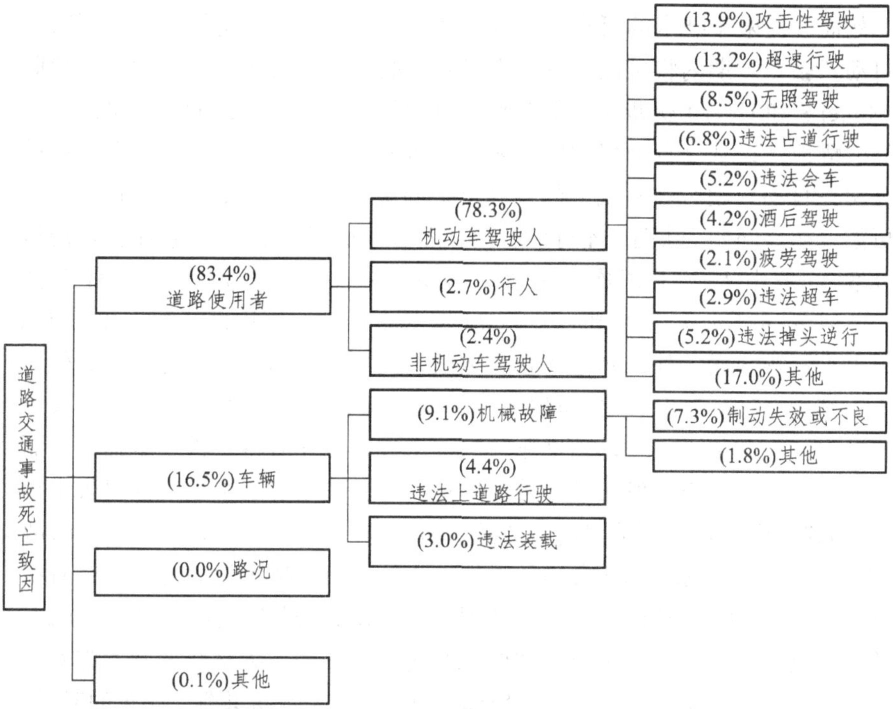

图 1-3　交通事故死亡致因分析

特斯拉等公司也正如火如荼地开展智能车辆的道路测试工作，并且同步推出商用化的智能车辆辅助产品。百度也宣布将联合江淮、北汽、奇瑞等车企，于 2020 年左右分别推出 L3 级智能汽车。此外，世界各国政府也针对智能车辆的发展，提出了一系列的政策措施和发展规划。2015 年，美国在其发布的《美国智能交通系统（ITS）战略规划（2015—2019 年）》中明确提出，将智能网联汽车作为发展智能交通系统的重点。2018 年，日本发布的《自动驾驶汽车安全技术指南》明确规定了 L3、L4 级自动驾驶汽车必须满足的一系列安全条件，并计划探讨自动驾驶相关国际标准的制订。而欧盟在其发布的《通往自动化出行之路：欧盟未来出行战略》中提出，到 2030 年普及完全自动驾驶。2020 年 2 月，我国国家发改委会同科技部等 11 部委联合发布了《智能汽车创新发展战略》，进一步明确了我国智能汽车和基础设施体系的协同发展方向。此外，无论是京东自主研发的国内首台无人配送车进入道路测试阶段，还是国内首条自动驾驶商用运营线路即将落地武汉，无不预示着汽车技术的发展逐步向智能化迈进已经是大势所趋，智能车辆的发展正面临前所未有的机遇。

然而，受限于技术的可靠性以及复杂交通系统的不确定性等方面原因，全自动驾驶在短期内将难以实现，人机共驾的局面将持续较长的时间。特斯拉 Model S 和 Uber（优步）智能车辆在自动驾驶模式下导致的交通事故，让我们清醒地认识到全自动驾驶融入人类生活还任重而道远。而大量车企和科技公司在自动驾驶行驶模式下的驾驶员平场接管里程统计数据（见图 1-4）则更能说明该问题。从图 1-4 可以看出，除 Waymo 和 GM 两家企业在自动驾驶实测过程中人工干预次数较少（Waymo 自动驾驶汽车平均每行驶 17 846.8 km 才需要人工干预一次，GM 旗下的 Cruise 平均每行驶 8 327.8 km 需要人工干预一次）外，其他车企在测试中人工干预的频率都处于一个较高水平，其中 Apple 和 Uber 公司的测试车辆甚至平均每行驶 1 km 左右需人工干预一次。由此可见，自动驾驶车辆的技术成熟度还有待于进一步加强。而密歇根大学交通研究所发布的北美地区自动驾驶汽车交通事故统计报告中指出，自动驾驶汽车每百万英里的事故数、每百万英里的受伤人数以及单次事故平均受伤人数等指标均高于传统汽车[4]。此外，密歇根大学的另一项针对中国、印度、日本、美国、英国和澳大利亚驾驶人的调查报告[5]显示，仅有 10%左右的受调查者表示在乘坐全自动驾驶汽车时毫无顾虑，大多数驾驶人都对自动驾驶的安全性表示担心。而当乘坐部分自动驾驶（人机共驾）汽车的时候，这些紧张情绪有所减轻。因此，智能汽车距离全自动驾驶还有很长一段路要走，短期内要实现无人车规模化量产并投入应用还存在较大的困难，人机共驾智能车辆的研发仍将是近阶段社会关注的重点和研究的热点。

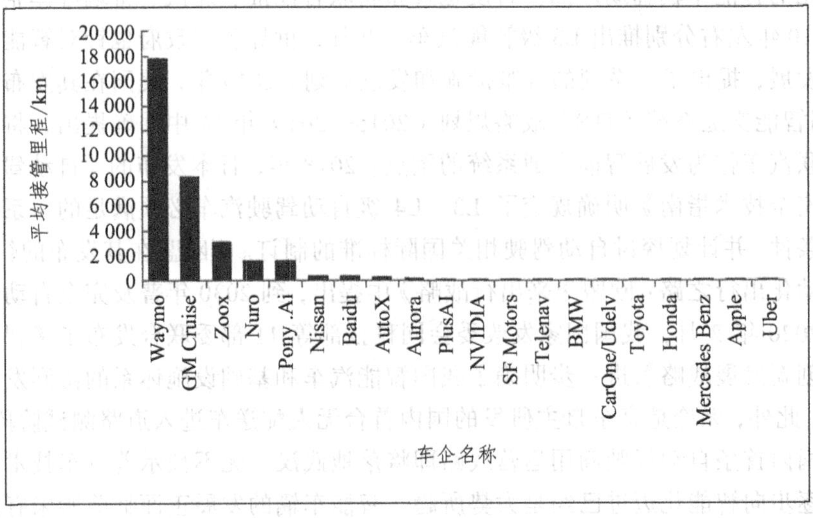

图 1-4　车企驾驶员平均接管里程统计

美国汽车工程师协会（SAE）将自动驾驶的发展划分为六个阶段[6]（见图 1-5）。而美国国家公路交通安全管理局（NHTSA）分 4 级定义汽车的自动化等级，分别为：0 级——非自动化；1 级——特定功能自动化；2 级——有限的自主驾驶；3 级——全面的自主驾驶。不同的机构对其发展过程及阶段划分存在一定的差异性，但是总体而言可以分为三个大的部分：人工驾驶、人机共驾、自动驾驶[7]。

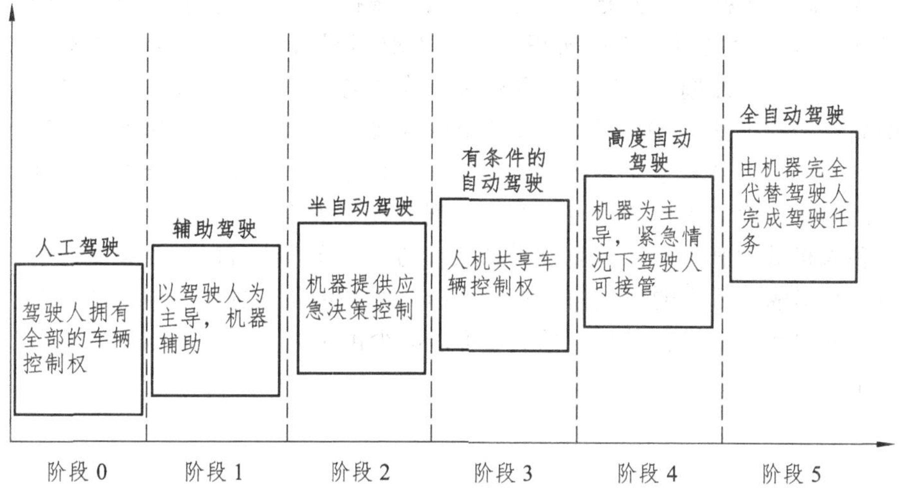

图 1-5　SAE 对自动驾驶不同阶段的划分

1.1.2　研究意义

由于技术、经济、法律、伦理等方面因素的影响，在较长的一段时间内（阶段 1 ~ 阶段 4），驾驶人和机器将共同享有对车辆的决策和控制权限。而在人机共驾阶段，人机共驾智能车系统占据着重要的地位，系统通过采用多传感器对当前的驾驶状态进行评估，并基于当前状态进行辅助安全决策来达到安全行驶的目标。因此，针对车辆的行驶和操作、外界环境和驾驶人自身状态等特点，利用现有的多源异构传感器采集的数据，对当前状态下需采用的驾驶模式进行决策判断，对于提高车辆的行驶安全性及快速普及具有十分重要的意义。此外，采用人工智能手段对当前驾驶行为险态进行识别，并基于驾驶行为险态等级进行相应的驾驶模式选择决策，能够有效地减少由于驾驶人失误、分心及失控等情况导致的交通事故，显著降低由于驾驶人因素而导致的损失。

随着技术的不断成熟及人们对安全的日益重视，人机共驾智能车系统已经由单纯地对危险进行警示逐步向更加智能化的方向发展，例如在特殊场景下机器可以通过自身的决策结果实现对车辆的自动接管，也就是说人机共驾智能车系统的驾驶模式在不断增加。所以，本书重点围绕人机共驾智能车系统驾驶模式决策问题开展研究，首先研究特殊场景下驾驶人驾驶行为险态的辨识，提出一种基于驾驶人生理特性的驾驶行为险态辨识方法。然后研究人机共驾智能车系统决策属性选择的理论和方法，通过融合驾驶人经验和驾驶行为险态辨识结果，提取不同驾驶模式决策的样本数据，综合考虑属性选择的准确率和效率，分别提出一种基于改进马尔科夫毯的属性选择方法（MB-NEW）和基于信息增益与多分类器的属性排序选择方法的人机共驾智能车系统驾驶模式决策因子提取方法。综合考虑两种方法的结果，确定人机共驾智能车系统驾驶模式决策影响因子。最后，提出一种人机共驾智能车系统驾驶模式决策方法，该方法可以在复杂交通场景下，对车辆宜采用的驾驶模式进行实时判断和决策，进而指导车辆合理规避行驶过程中潜在的驾驶风险，尽可能减少由于人为失误等原因造成的交通事故。

1.2 研究目的与研究方法

1.2.1 研究目的

针对智能网联汽车在当前发展阶段具备人工驾驶、警示辅助驾驶和自动驾驶等多模式的特点，本书以智能车驾驶模式选择及自主干预为目标，从分析不同交通情境下智能车驾驶模式的分级方法出发，挖掘驾驶模式选择的表征特征，预测不同驾驶模式的选择时机，探索共驾型智能车主动干预机制和控制方法。具体目标如下：（1）提出智能车驾驶模式量化分级方法；（2）揭示共驾型智能车模式决策选择的深层次诱因及时变规律；（3）构建共驾型智能车驾驶模式选择决策模型及主动干预机制。

1.2.2 研究方法

为了达到预期的研究目标，本书拟综合采用以下研究方法：

（1）文献综述法。

针对人机共驾智能车系统中涉及的驾驶行为险态定义与分级、智能车系统发展、人机共驾智能车驾驶模式决策选择方法、人机共驾智能车安全性评估方法等方面的国内外文献进行综述。

（2）多学科交叉融合的研究方法。

人机共驾智能车系统的研究涉及交通工程、计算机系统、车辆工程、交通心理学等学科内容。本书中综合运用交通工程、交通心理学、计算机科学和车辆工程等理论知识，将驾驶行为险态引入共驾型智能车模式分级量化标准中，基于海量数据分析，获取智能车驾驶模式选择决策样本集。同时，采用人工智能方法进行智能车驾驶模式决策关联属性挖，建立智能车驾驶模式决策选择模型和不同模式下车辆行驶安全性评估模型。

（3）实车实验与仿真实验相结合的方法。

本书中拟采用模拟驾驶实验和实车道路实验相结合的方式，获取研究所需的数据和支撑材料。通过开展实验，能够全面采集驾驶人的生理心理状态信息、驾驶行为信息、车辆运动信息和周边环境信息，并通过采用较为完备的实验体系和数据分析方法，为本研究的顺利开展提供重要支撑。

1.3 研究思路与研究内容

1.3.1 研究思路

研究人机共驾智能车系统驾驶模式选择决策方法，对智能车系统与安全辅助驾驶系统的发展和提高行驶安全性具有重要作用。因此，本研究针对驾驶中的复杂决策过程，通过综合考虑人-车-路-环境对行驶安全性的影响，在对驾驶行为险态进行辨识的基础上，采用模式识别、人机工程学等理论，研究驾驶模式选择对车辆安全的影响，为智能车人机交互系统的应用提供理论和技术支持。具体研究思路如图 1-6 所示。

本书重点对以下四个方面的问题进行阐述。

（1）基于生理特性分析的驾驶行为险态辨识研究。

以模拟实验数据为依据，研究不同交通场景下驾驶人生理心理特性的实时变化特性，并且综合考虑这些特性对行驶安全性的影响；采用动态时间窗方法实现数据的规范化处理，并以驾驶人血流量脉冲（BVP）和皮肤电位（SC）

作为驾驶行为险态辨识特征向量，采用K-均值聚类方法将驾驶行为险态分为可忽略、可容忍、不可容忍三个等级，并使用专家经验对分级的准确性进行验证。最终实现驾驶行为险态的有效辨识。

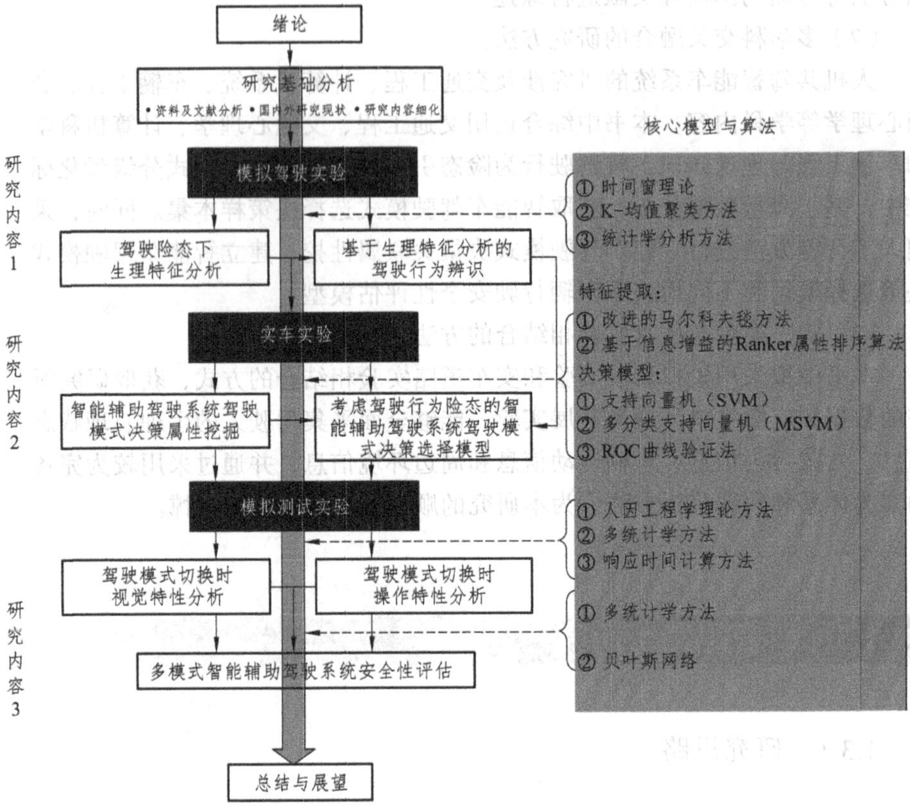

图 1-6　研究思路

（2）人机共驾智能车系统驾驶模式的属性选择方法研究。

人机共驾智能车系统通过采用不同的驾驶模式，能够有效地提高车辆行驶的安全性。而驾驶模式的选择，需融合多传感器信息进行评估决策，研究不同驾驶行为状态下的车辆状态信息（如轨迹、加速度/减速度、横摆角速度等），筛选出能够显著性表征驾驶行为险态的车辆外在运动状态特征，并充分考虑不同驾驶行为状态下宜采用的驾驶模式，最终得出能够表征驾驶模式决策的车辆运动特征向量。

（3）考虑驾驶行为险态辨识的智能车驾驶模式决策模型。

不同风险等级的行驶环境下，需使用不同的驾驶模式。以驾驶险态辨识结果和专家经验为依据，将人机共驾智能车系统驾驶模式分为：人工驾驶、警示辅助驾驶、自动驾驶三种状态。以提取的最优决策因子为特征向量，通过采用遗传算法优化后的多分类支持向量机（MSVM）方法，构建人机共驾智能车系统驾驶模式决策模型。并以多种人工智能和模式识别方法为对照，对所构建模型的准确性进行综合分析评价。

（4）人机共驾智能车系统驾驶模式切换实现与安全性评估。

采用人机工程学的理论方法，设计和开展交互式驾驶模式切换实验，从驾驶人视觉特性和操作特性两个角度，分析人机共驾智能车系统模式切换的时机及其对车辆行驶安全性的影响。采用统计学方法对其影响机理进行深入分析，引入贝叶斯网络对不同驾驶模式组合的驾驶安全性进行评估，为人机共驾智能车系统的实际应用提供理论和技术支撑。

1.3.2 研究内容

本书在人机共驾智能车系统中引入驾驶行为险态作为参照依据，研究人机共驾模式决策过程中的建模方法与安全评估理论。研究内容包括以下几点：

（1）绪论和国内外研究现状。首先介绍本书的研究背景及研究意义，对驾驶行为险态辨识和人机共驾智能车系统驾驶模式决策研究现状进行概述，并对现有研究中存在的问题进行总结，进而提出本研究的主要内容和具体技术路线。

（2）人机共驾智能车实验系统及数据预处理方法。介绍本书中采用的驾驶模拟器系统和实车实验系统，对系统采集的数据类型和特点进行概述，并利用数据预处理方法对采集数据进行去噪和修复。

（3）复杂交通环境下的驾驶行为险态辨识方法。首先分析在不同危险等级下驾驶人生理指标变化特性，并采用动态时间窗的方法对险态的持续时间进行标定，再分析各生理指标与驾驶行为险态之间的相关性。在此基础上提出基于组合聚类的驾驶行为险态辨识方法，最后对算法的有效性进行验证。

（4）人机共驾智能车辆模式决策属性挖掘方法。首先对人机共驾智能车系统驾驶模式决策实验进行介绍，再对不同传感器采集的多源异构数据进行同步和标准化处理。然后从特征提取效率和特征提取准确率两方面分别提取人机共驾智能车系统驾驶模式决策属性因子。最后通过对不同特征提取方法得出的决策因子进行综合分析，得出人机共驾智能车系统决策属性最优因子集合。

（5）人机共驾车辆模式选择决策建模方法。以前文中提取的决策因子为特征集合，采用多分类支持向量机（M-SVM）方法构建人机共驾智能车系统驾驶模式决策选择模型，并采用 ROC 曲线和多统计指标对决策精度进行判别。

（6）人机共驾智能车行驶安全性评估方法。采用汽车驾驶模拟器实现人机共驾智能车系统中不同驾驶模式间的有效切换，并基于此开展人机共驾智能车系统不同驾驶模式切换实验。采用双任务法进行实验设计，分析不同模式组合下驾驶人视觉特性和操作特性的变化。最后，采用贝叶斯网络构建驾驶安全性评价模型。

（7）结论与展望。总结本研究的主要成果和创新点，阐述本研究中存在的不足，并对未来工作进行展望。

1.4 研究创新点

本书的创新主要体现在以下几个方面：

（1）提出了融合生理特性的驾驶行为险态辨识聚类模型。通过分析不同驾驶行为险态等级下驾驶人皮肤表面电位（SC）、血流量脉冲（BVP）和呼吸率（RESP）3 个指标的变化特性，建立了驾驶人生理特性与驾驶行为险态等级间的关联关系。并在此基础上筛选出 BVP 和 SC 两个生理特性指标构建驾驶行为险态辨识模型，为人机共驾智能车系统驾驶模式选择奠定基础。

（2）提出了基于马尔科夫毯（IAMB）的驾驶模式决策属性选择算法。本研究提出的属性选择算法，不仅考虑了属性选择对分类正确性的影响，还考虑了属性选择的效率问题，通过结合设定选择参数和条件信息增益计算方法，对算法传统的马尔科夫毯方法进行了优化。本书通过采用多属性选择方法，对所提出算法的准确性进行了分析，还利用现有的数据集对算法的执行效率进行了验证。该算法对涉及多传感器信息融合时的属性选择具有重要的意义。

（3）提出将模式识别方法应用于人机共驾智能车系统驾驶模式决策建模领域。本研究以第 5 章中所获取的 6 个属性为特征变量，利用遗传算法优化后的多分类支持向量机方法，构建了人机共驾智能车系统驾驶模式决策模型。通过对模型的学习，能够实现对驾驶模式选择的不断优化，最终得到最优的驾驶模式选择结果。

2 国内外相关理论及文献综述

随着相关技术的不断成熟及人们对出行安全的日益重视，汽车技术已经由单纯地对危险进行警示逐步向更加智能化的方向发展。当前部分智能车辆的技术水平正处在第二阶段向第三阶段过渡的过程，人机共驾过程衍生出的驾驶行为和车辆行为特征问题逐渐成为国际研究的热点。本章针对驾驶行为险态定义与分级、智能车系统发展、人机共驾智能车驾驶模式决策选择方法、人机共驾智能车安全性评估方法等方面的国内外文献进行了综述。

2.1 驾驶行为险态相关理论与方法

2.1.1 驾驶行为险态的定义和分级

驾驶行为险态是由于驾驶能力低于驾驶任务要求时产生的一种危险驾驶状态。而考虑到危险的普遍性及安全的相对性，驾驶行为险态在实际驾驶过程中总是以一定的概率出现。当驾驶人处于不同交通环境和驾驶状态时，驾驶行为险态水平具有较大的差异性，而实现对驾驶行为险态的准确辨识，能够有效地避免由于驾驶人无法正常完成驾驶任务而产生的交通事故[8]。

在工业系统中，研究者们往往都采用 ALARP（最低合理可行）原则将风险水平划分为三级，如图 2-1 所示。其核心原理就是风险对于任何系统都是客观存在的，可通过安全预防措施降低其发生概率，但无法消除。当风险水平低到一定阈值时，要想进一步降低将十分困难，而在可控范围内采取一定措施，却能够有效地提高边际效益。

由图 2-1 可知，工业系统中将风险水平划分为可忽略区、可容忍区、不可容忍区。

可忽略区：在该区域增加安全预防措施投资，对系统风险水平降低贡献不大，即在该区域内允许该风险的存在。无须采取安全预防或者改进措施，也能够安全运行。

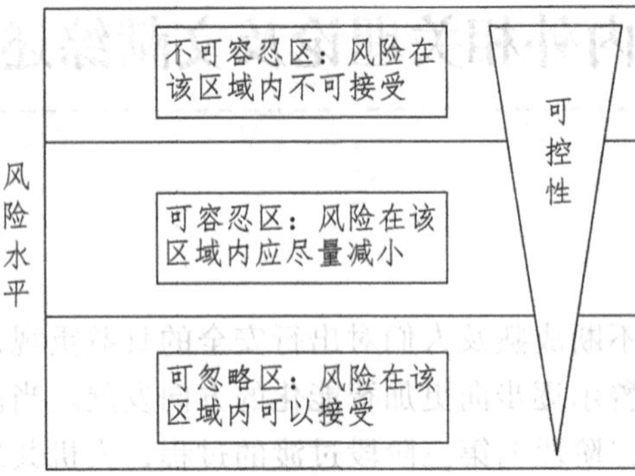

图 2-1 风险水平划分

可容忍区：该区域的风险评估指标在不可容忍和可忽略区阈值之间，在该情况下，通过增强安全预防措施或者进行安全监管能够有效地降低系统的风险水平。

不可容忍区：该风险区域是无法接受的，必须采用强制措施进行改正，否则容易造成较大的损失。而对该区域进行改善时，其收益却是最显著的[9]。

现有研究倾向于采用特定时刻驾驶人操作、生理、心理状态的变化来实现对驾驶行为险态的分级。参考工业系统中风险的分级标准，本研究将驾驶行为险态划分为可忽略、可容忍、不可容忍三种状态。

2.1.2 驾驶行为险态辨识方法

近年来，机动车保有量和有限道路资源的冲突更加明显，这也导致了驾驶人面临的交通环境将变得更为复杂。行车过程中出现危险驾驶的概率也大大提高。同时，美国高速交通安全管理部门（NHTASA）的调查结果表明：如果驾驶人能够在事故发生前 0.5 s 内收到警示，那么，接近 60%的交通事故将可以避免发生[10]。为了能够及时地对驾驶人危险状态进行评估和识别，从而进行辅助决策。越来越多的国内外专家学者开始重点关注驾驶行为险态的特征选择及准确辨识方面的研究。

目前，进行驾驶行为险态辨识分析的数据来源，主要包括实车驾驶和模拟驾驶两个方面。

实车驾驶方面，Guo 等人对在美国开展的 100-car 自然驾驶实验数据进行分析，以驾驶人驾龄、个体特性、目标交通事件为特征属性，采用 Logistic 回归方法构建了个体驾驶人驾驶风险评估模型。该模型对辨识三种不同风险类型驾驶人具有较为理想的效果[11]。Weng 等人利用美国 FARS（死亡事故报告系统）收集的数据，研究了不同类型道路工作区对驾驶行为险态的影响；深入分析了道路线形、是否存在作业卡车、危害交通事件、车辆年龄和关注时间对危险驾驶行为产生的影响，并基于这 5 项特征构建了驾驶人当前风险状态分析模型[12]。此外，同济大学的吴志周等人以济南第一公交公司运行数据为依据，通过从疲劳驾驶、驾驶稳定性、启动和制动稳定性、驻站驾驶操作 4 个方面提取了 7 项驾驶行为险态影响因子，并以此为特征向量，采用隐马尔科夫模型构建了公交驾驶行为险态辨识模型，结果表明该方法能够较为有效地对驾驶行为险态进行辨识[13]。

模拟驾驶方面，De Diego 等人通过对模拟驾驶过程中驾驶人手部的变化及相关的驾驶参数来识别驾驶人所处的风险状态，同时采用遗传算法对模型的特征向量进行析取，在此基础上融合专家经验，实现驾驶过程中不同风险等级的自动辨识。通过开展不同驾驶场景下的测试实验发现，所提出的方法能够有效地辨识不同场景下的危险状态等级，而且该方法能够自动、有效地识别大多数危险场景中的不良驾驶行为[14−15]。刘永涛等人根据一段时间内车道线距离和车间距的方差变化对方差模型进行界定，并以方差模型为输入，采用贝叶斯网络方法构建危险驾驶行为辨识方法。结果表明，所构建的模型能够准确辨识车道偏离和跟车过近这两种危险驾驶行为，并且相较于单一方差模型具有更好的泛化性能[16]。此外，西南交通大学的郭孜政及其团队在驾驶行为险态方面也开展了较为深入的研究。他们通过采用多种模式识别方法（包括人工神经网络[17]、C 均值聚类[18]等），从不同角度构建了驾驶行为险态辨识模型，并分别从辨识精度和错误率等多方面对模型进行了验证。

此外，针对某一个或几个单一特征与危险驾驶行为的相关关系，国内外一些企业和科研院所也开发了一些相关的危险驾驶行为警示系统。例如，美国埃里森研究实验室研发了一种基于车道偏离信息的 DAS2000 路面警告系统，用于实现对驾驶人危险驾驶状态的识别[19]。德国大众汽车公司利用车辆横向偏离情况进行危险驾驶状态辨识，并基于此开发了 Side Assist 预警系统[20]。类似的系统还包括 SafeTRAC 系统（见图 2-2）、AWS（汽车碰撞预警系统）、DDS（疲劳检测系统，见图 2-3）及 AutoVue 系统等。

图 2−2　SafeTRAC 系统

图 2-3　DDS 疲劳检测系统

2.2　智能车系统发展历程

智能汽车也可以称为轮式移动机器人，其工作原理主要包括三个部分：① 感知子系统，用于实现对车辆周边交通环境、当前车辆运行状态等信息的获取；② 决策子系统，主要用于通过综合分析感知系统所获取的多源信息，对车辆的路径和操作进行规划和设计；③ 控制子系统，通过执行决策系统发出的指令，对车辆的操作部件进行控制，进而改变车辆的转向、车速等运动状态。智能汽车从根本上改变了传统的以人为主导的车辆控制方式，将充满不确定性的人从系统中移出，进而大大提高交通通行效率和行驶安全性[21]。

2.2.1　国外智能车的发展状况

国外在智能车方面的研究起步较早。智能汽车的雏形始于 1953 年，该车辆由一辆牵引式手扶拖拉机改造而成，主要用于在仓库中沿着布置在空中的导线运输货物[22]。而后，由美国政府主导的自主地面车辆项目成功研发了一辆 8 轮的无人驾驶机器人，该机器人能够在良好的路面上进行低速自动驾驶[23]。到 20 世纪 90 年代，奔驰公司和一些相关的研究机构相继加入自动驾驶车辆的研究中，其中奔驰公司和德国国防大学合作研发的 VaMP 和 Vita-2 在巴黎的一条 3 车道公路上以 130 km/h 的速度顺利完成了 1000 km 的行驶里程[24]。卡内基梅隆大学于 1995 年推出了一款名为 Navlab-V 的智能车辆，该车辆完成了横穿美国东西部的无人驾驶测试实验，行驶里程超过 1 万千米[25]。在 2007 年，该大学研制的 Chevy Tahoe 智能车以领先第 2 名 20 min 的成绩完成了复杂都市障碍赛道的驾驶比赛。另外，2008 年，斯坦福大学研发的“Junior”

号智能车尝试在实际的街区道路上行驶，该车辆在一个写有“停”的指示牌前停止了信号接收[26]。

而在智能车产业化推广方面，Google（谷歌）公司和 Tesla（特斯拉）公司无疑领先于其他机构。Google 公司研发的无人驾驶汽车于 2010 年就开始进行城市道路的驾驶测试，在不到两年的时间里，该智能车累计安全行驶的距离达到 48 万千米。而在 2016 年，Google 公司利用 70 辆测试车，总测试里程达到 635 868 英里（1 英里≈1.6 千米）。Tesla 公司于 2015 年开始通过软件更新，为该公司车辆用户提供“自动驾驶技术”，且在 Tesla Autopilot 发布后的 1 年中其累计行驶里程已达到 2.22 亿英里。2016 年 Tesla 公司对外公布数据表明，其 4 辆测试车行驶里程达到 550 英里。此外，Uber（优步）公司更是提出希望将其旗下所有 Uber 车于 2030 年前全部换成自动驾驶汽车。图 2-4 所示为这三家企业所设计的自动驾驶样车。

（a）Uber 智能车

（b）Google 智能车

（c）Tesla 智能车

图 2-4　三家车企推出的无人驾驶汽车

而在无人驾驶汽车合法化方面，美国政府也率先进行了一系列的尝试。2012 年，美国内华达州机动车辆管理局为一辆搭载谷歌智能驾驶系统的汽车颁发了牌照，这也使得智能车开始真正驶入普通人的视线。而在 2016 年 2 月，美国国家公路交通安全管理局发布一项决议，该决议提出 Google 公司生产的无人驾驶车符合联邦法律，并且规定无人驾驶汽车的司机是自动驾驶系统，而不是车主本人[27]。这为推动无人驾驶的发展无疑提供了重要的保障。

2.2.2　国内智能车的发展状况

我国智能车研究相较于欧美国家起步较晚，国防科技大学于 1989 年研制了首辆智能小车，而真正意义上的第一辆智能车是由国防科技大学于 1992 年研制的。该车由一辆面包车改装而成，通过加载车载计算机、液压控制系统和各类检测传感器，使得该车辆具有简单的自动驾驶功能[28]。经过若干年的努力，国防科技大学陆续研制了第 4 代智能车、红旗旗舰 CA7460 无人驾驶平台、红旗 HQ3 智能车等。2011 年，红旗 HQ3 智能车完成了由长沙到武汉全程 286 km 的高速公路无人驾驶测试试验，标志着我国无人驾驶方面研究正式进入实测阶段。随着科学技术的发展及国家资助力度的加大，智能车在我国也逐步得到较为快速的发展，如军事交通学院研制的"猛狮号"无人车、武汉大学研制的智能车等都获得了业界的一致好评。尤其是军事交通学院研制的无人驾驶智能汽车，从京津高速台湖收费站出发，最终到达天津东丽收费站，全程共计行驶 104 km，成功完成高速公路测试，成为我国第一辆官方认证完成高速公路测试的无人驾驶智能汽车[29]。

此外，国内的一些汽车厂商也尝试在该领域展开一些研究工作，其具体的研究进展及现状如表 2-1 所示[30]。

表 2-1　国内主要汽车厂商智能车研究进展

厂商	研发进展
一汽	红旗 HQ3 无人驾驶轿车是一汽自主品牌轿车向高端技术发展的一个新成果；由国防科技大学研制的中国智能车红旗 HQ3，2011 年通过了试验，从长沙上高速，自行开往武汉，行程 286 km，其中自主超车 67 次，平均速度 87 km/h。预计 2025 年实现 50%车型高度自动驾驶
上汽	上汽 2013 年 9 月正式与中国航天科工三院在沪签署战略合作协议；上汽智能车试行还处于研发阶段，计划未来 10 年内实现全路况无人驾驶
奇瑞	2013 年，武汉大学与奇瑞合作开发智能车，改装后的车名叫“Smart V”
百度	百度的无人驾驶车项目起步于 2013 年。2015 年 12 月，百度公司宣布，百度无人驾驶汽车在国内首次实现了城市、环路及高速道路混合路况下的全自动驾驶。2017 年 4 月，百度宣布与博世公司正式签署基于高精地图的自动驾驶战略合作，开发更加精准实时的自动驾驶定位系统
京东集团	2016 年 9 月，京东集团对外宣布，由其自主研发的中国首辆无人配送车已经进入道路测试阶段，10 月份开始试运营，2017 年进行大规模商用
长安汽车	2016 年 4 月展示试制车，2020 年实现产业化应用
东风汽车	联合华为研发，目标实现无人驾驶
长城汽车	拟于 2020 年推出高速自动驾驶车辆

综上所述，经过近十年来的努力，智能车系统的发展已经取得了重大的突破和发展，一系列的智能车相关产品也逐渐推向市场。但不可否认的是，考虑到技术的局限性和社会的接受度等问题，就目前而言，除 Google 等少数几家企业希望短期内推动全自动驾驶外，大多数研究机构和企业还是倾向于立足辅助驾驶系统，逐步逐级实现向自动驾驶的过渡，尤其是希望通过对人机共驾智能车系统的不断优化和更新来达到安全驾驶的目标。

2.3　人机共驾智能车驾驶模式决策选择方法

智能车驾驶模式选择是智能车辆安全行驶的核心问题之一，国内外专家学者在该方面主要围绕智能车驾驶模式决策属性挖掘和模式决策选择方法两个主题展开。

2.3.1 人机共驾智能车模式决策因子挖掘研究

在决策属性挖掘方面，Milanés 等人[31]采用双目相机、DGPS（差分全球定位系统）和惯性导航采集相关信息，通过控制车辆转向和制动来实现对智能车不同驾驶模式的应用。王建强等人[32]通过开展实车实验获取车距、相对速度、驾驶人制动信号和 TTC（碰撞时间）等特征指标，构建了适应驾驶人特性的智能车辆追尾避撞预警算法。Korber 等人[33]研究了驾驶人的注意力特性、多任务的处理能力与驾驶模式接管之间的关系，结果表明不同驾驶个体的驾驶模式接管能力跟个体的经验以及驾驶的场景存在较为显著的相关性。此外一些学者还基于车头时距、车间距等指标对行驶风险进行预测，进而为驾驶模式选择提供依据。例如，吴超仲等人[34]提出考虑驾驶人特性的安全距离模型，用于进行车辆防撞预警。Gemou 等人[35]提出了一种融合乘员舒适性的车辆安全距离算法。

2.3.2 人机共驾智能车模式选择方法研究

在智能车驾驶决策方面，Filho 等人[36]针对年青驾驶人在驾驶中易出现分心、疲劳等而导致发生交通事故的现象，提出一种基于预估最小安全距离的智能车模式接管方法，并采用∞鲁棒模型设计控制算法实现对车辆行为的控制。严利鑫等人[37]以车速、加速度、车头时距等指标为特征向量，采用序列最小优化算法构建智能车驾驶模式决策选择模型，并与多种机器学习算法进行了对比分析，结果表明，该算法在解决智能车模式选择问题上具有显著的优越性。Flemisch 等人[38]提出采用 A2RC 人机共驾模式选择控制模型对智能车辆进行协同控制，该模型从驾驶人和车辆的能力、责任、权利和控制权四个方面进行分析建模。Geyer 等人[39]充分考虑智能车的智能化水平和系统控制策略二者之间的有机融合，采用线性处理方法（Conduct-by-Wire）构建了智能车不同模式驾驶的协同控制模型，该算法在部分特殊测试路段（如交叉路口）得到了较好的应用。此外，Fu 等人[40]从驾驶速度、停车过程和行驶过程三方面出发，采用规则库推理方法对智能车进行实时的推理和决策。王韦钰等人[41]综合考虑人-车-路-环境等因素对驾驶人决策行为的影响，采用模糊控制和神经网络等方法，构建了智能车驾驶决策机制模型，实现了对下一刻智能车驾驶决策的准确预判。

目前，虽然智能车驾驶模式决策影响因素和决策建模方面的研究已经逐渐引起了业内专家学者们的重视，但总体而言，该部分内容还有待更为深入的研究。多模式共驾智能车行驶过程中受到人-车-路-环境等各方面因素的影响，所以在分析模式决策因子过程中涉及高维海量数据的挖掘，目前针对这一问题的属性挖掘方法还有待于进一步改进。另一方面，现有的智能车驾驶模式决策模型多基于驾驶人特性或者某一类单一指标进行设计的，而实现智能车多模式协同共驾是一个更为综合和复杂的问题，需要形成更为全面和完善的决策方法来指导智能车的决策控制，进而避免由于决策失误而造成的安全问题和社会问题。

2.4 人机共驾智能车安全性评估方法

人机共驾的安全性需要条例与规定来约束，行之有效的接管能力评价方法是制定驾驶规则的必要前提条件。一些学者把驾驶员视觉特性作为接管行为评价的指标，自动驾驶时驾驶员通过视觉获取 80%以上的信息，相同地，自动车辆发出接管请求时，驾驶员读取道路信息主要也是依靠视觉。Lu 等利用眼动仪获取眼球运动数据，度量驾驶员的视觉注意力分布，将注视活动定义为后视镜的扫视频率，通过问卷调查接管任务难度和反应时间的主观评价，结果表明驾驶员获得视觉信息的时间阈值为 7 s[42]。Willem 等人将注视潜在危险作为驾驶员发现潜在危害的指标之一，通过实验发现时间越充足驾驶员察觉潜在危险的比率越高[43]。也有学者把驾驶员的行为特性作为评价指标。自动驾驶时，驾驶员偶尔会双手离开转向盘或者双脚离开踏板，因此，一些研究将驾驶员发现危险到双手握转向盘和脚踩刹车的时间作为驾驶员的反应指标，将转向盘转角发生 2°变化或制动踏板发生 10%变化作为驾驶员开始接管的时间阈值[44–45]。Happee 等人的研究将转角变化超过 2°的时间点作为驾驶员的转向响应时间，用于评价驾驶员在驾驶车辆换道规避风险的接管表现[46]；Wiedemann 等人将车辆的横向位置变化、转向盘角度变化作为车辆横向控制指标，速度变化作为纵向控制指标共同评估驾驶员接管绩效[47]。

在接管能力评估方法方面，Gallen 等人提出了一种融合“人-车-路-环境”多源信息的车辆运动风险评估框架模型，研究表明该模型对于评估智能车辆行驶过程中的风险水平具有良好效果[48]。Nilsson 通过融合驾驶人的控制能力和车辆当前状态构建由自动驾驶切换到手动驾驶的安全评估模型[49]。Grabbe 等人用功能共振分析方法来评估自动驾驶在驾驶安全中的贡献，证明了功能共振分析方法的适用性，并认为这是发现自动驾驶中的隐患的有效工具[50]。严利鑫通过采用模拟实验获取与驾驶安全性相关的指标数据，在此基础上采用贝叶斯网络方法构建了智能车辆行驶安全性评估模型[51]。

2.5 对现有研究文献评述

从当前国内外的研究现状可知，在驾驶行为险态辨识和人机共驾智能车系统驾驶模式决策两方面都逐步开始形成较为完整的理论体系。许多机构和科研院所在对危险驾驶行为进行准确识别的基础上开发了一系列的安全辅助产品，并且逐步开始结合自动驾驶来规避车辆行驶过程中出现的突发危险交通事件，进而达到提高车辆行车安全的目的。但是当前研究仍然存在一系列问题有待于进一步深入探讨和研究，主要体现为以下几个方面：

（1）在驾驶行为险态辨识方面，现有驾驶行为险态辨识方法主要是基于驾驶人视觉特性、车辆运动状态（如车道偏离距离、车头时距等）、驾驶人操作动作等信息。而当危险事件发生时，驾驶人最直接的反馈方式体现为其生理状态（如心率加快、呼吸加速等）的变化，如果能够采用驾驶人生理指标变化实现对驾驶行为险态进行辨识，则会更具准确性和实时性。

（2）在人机共驾智能车系统驾驶模式定义和分类方面，目前较多研究倾向于将人机共驾智能车系统驾驶模式分为人工驾驶和自动驾驶两种，并且通常采用专家主观评价的方式决定不同驾驶模式的分类。然而考虑现有的实际道路驾驶环境的复杂性和危险性，仅仅简单采用两种驾驶模式往往无法满足实际驾驶需求，如现有的安全辅助系统（ADAS）主要是通过采用提供预警等方式对危险驾驶行为进行警示。此外，单纯采用主观经验数据对驾驶模式进行分类，由于专家个体经验的差异性，驾驶模式分类结果的准确性和实用性无法得到保证。

（3）在人机共驾智能车系统驾驶模式决策属性挖掘方面，国内外在分析人机共驾智能车系统模式选择时，主要采用的是基于速度和期望车间距两方面指标来开展的。虽然传统的切换区域识别方法一直在进行改进和完善，但是却忽略了驾驶人及实际交通环境等因素对驾驶模式选择产生的影响。同时，其他车辆运动参数对模式选择的影响也考虑得并不完整。单纯地从速度和期望车距这两方面来进行驾驶模式选择决策显然是无法较为完整全面地对驾驶模式选择需求进行分析，只有综合考虑了车-路-环境对驾驶模式选择决策的影响，才能对其进行更加准确的识别和警示。

（4）在驾驶模式决策方面，目前的技术离自动驾驶模式选择还存在较大的差距，在驾驶模式决策识别方法、模式切换实时性及切换控制方法方面仍然面临大的挑战。驾驶模式决策需要解决的主要问题，是在不同驾驶场景下如何采用合适的驾驶模式能够更为有效、安全地完成驾驶任务。决策结果的可信度直接影响了人机共驾智能车系统的安全性和市场推广效果。此外，如何完成模式切换也是目前研究所面临的难点问题之一。

（5）在驾驶模式切换与人机交互影响方面，现有的研究主要集中于模式切换响应时间及驾驶人对切换需求的认识度方面。目前较少从驾驶人操作特性和车辆运动特性变化角度研究模式切换的有效性，并且较少考虑模式切换时人因方面的影响。而对这些问题的探索和研究对于获取最优的模式切换效果，规避由于切换而引发的行车安全隐患具有重要的意义。

3 人机共驾智能车实验系统及数据预处理方法

本书中构建了智能辅助驾驶模拟和实车信息采集系统，并对多传感器信息进行处理和分析。针对不同驾驶行为险态引起的驾驶人生理心理变化特征，设计了基于汽车驾驶模拟器的驾驶行为险态辨识系统。针对人机共驾智能车系统驾驶模式决策属性的选择和建模问题，设计了基于实车实验的智能辅助驾驶信息采集系统。此外，为研究不同模式对车辆行驶安全性的影响，设计了基于汽车驾驶模拟器的智能辅助驾驶模拟仿真系统。并在此基础上提出了多源异构传感器数据的同步、标准化和缺失数据修复方法，重点对缺失数据修复方法进行研究，验证了三次样条插值法适用于数据缺失的修复。

3.1 驾驶行为险态辨识模拟实验系统

3.1.1 实验设备

为了能够有效地实现驾驶行为险态的辨识，可以采用汽车驾驶模拟系统开展相关实验。该系统的组成如图 3-1 所示。

驾驶模拟舱：由一辆小轿车改造而成，车身全长 4.07 m，宽 1.70 m，高 1.42 m。为了便于进行数据采集，车辆的转向盘、加速踏板、制动踏板、离合器踏板、挡位采用罗技的组合套件代替，同时在各部件上加装深度传感器或拉力传感器，用于采集各类操作信号[52]。

声效系统：由 4 个音响组成，分别布设在驾驶模拟舱的前、后、左右四个方向。通过该系统能够模拟驾驶过程中车辆发动机的轰鸣声、鸣笛声、刹车声、碰撞音效等，可有效地提高驾驶人的沉浸感。

视景系统：主要用于生成并在系统中显示所构造的虚拟交通场景，其组成部分包括显示系统（五通道投影幕布和三块作为后视镜的液晶屏）、投影系统（五台投影机）、图形仿真系统（八台工作站，用于生成实时虚拟交通场景）、多通道融合系统（用于实现多机、多通道视景系统的融合）。

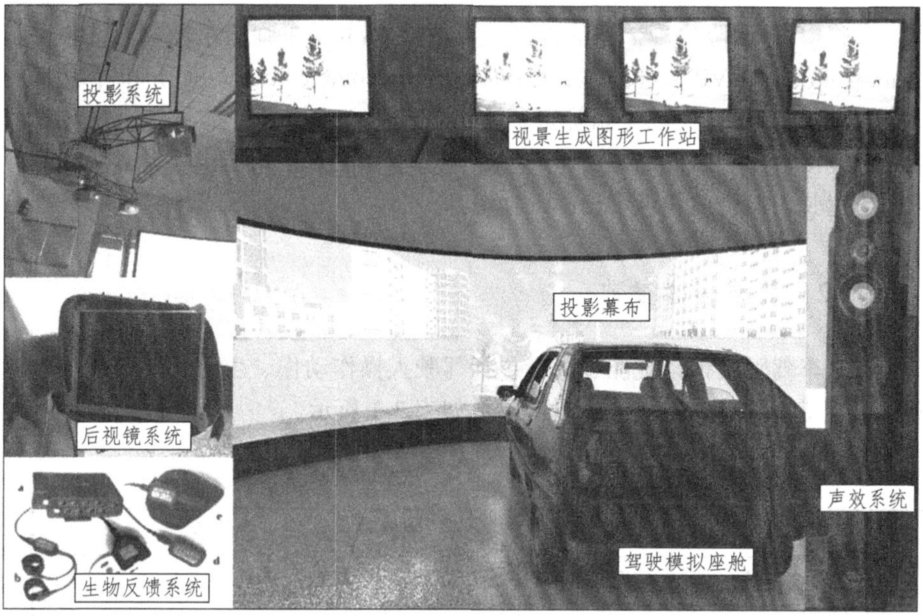

图 3–1　驾驶行为险态辨识模拟实验系统

车辆运动数据采集系统：主要由一台工作站和信息采集板组成，通过信息采集板将车辆的油门、刹车、离合、挡位等信息传送至工作站，然后工作站对信息进行加工处理驱动车辆在虚拟系统中的正常运行。

生物反馈系统：实验中采用的是 ProComp Infiniti 生物反馈系统对驾驶过程中驾驶人生理变化特性进行采集，其佩戴方式如图 3-2 所示[53]。

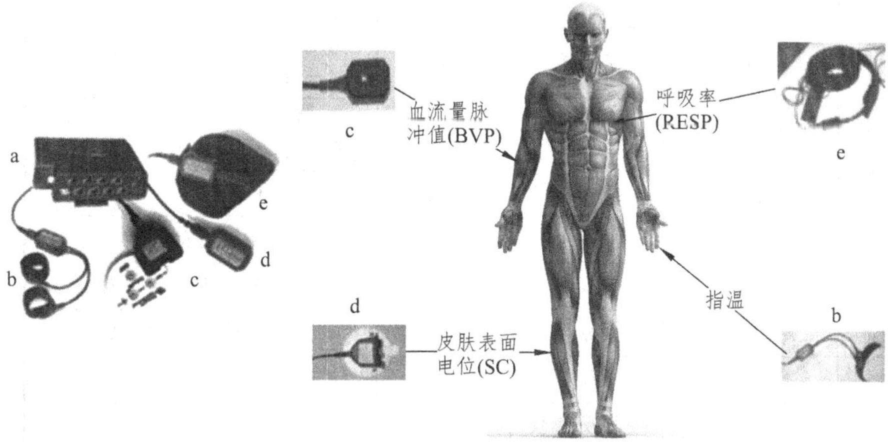

图 3–2　生物反馈系统的佩戴方式

实验中，为保障生理数据的正常采集，选用最相关的血流量脉冲值(Blood volume pulse，BVP)、皮肤表面电位（Skin conductance，SC）和呼吸率（Respiration，RESP）三个指标进行测量。其中血流量脉冲需将传感器与食指进行连接；皮肤表面电位需将传感器与食指和无名指相连；呼吸率需将传感器与驾驶人的胸腔相连[54]。

3.1.2 数据指标参数

该汽车驾驶模拟系统能够采集包括驾驶人操作动作、生理状态变化在内的多源传感器信息，其具体的指标参数如表 3-1 所示。

表 3–1 驾驶模拟系统采集的数据类型及参数

编号	参数类型	采集设备	采样率/Hz	数据说明
1	加速踏板开度	深度传感器	50	取值范围为[0，1]
2	制动踏板开度	深度传感器	50	取值范围为[0，1]
3	离合踏板开度	深度传感器	50	取值范围为[0，1]
4	挡位	拉线传感器	50	共 6 挡
5	转向盘转角	转角传感器	50	取值范围为[－720°，720°]
6	转向灯	模拟器	50	开关量，取值 0 或 1
7	所在车道	模拟器	50	从靠近道路中心线的车道开始
8	左到左	模拟器	50	车辆的左边界到所在车道左边界的距离
9	右到右	模拟器	50	车辆的中轴线到所在中心线之间的距离
10	中到中	模拟器	50	车辆的右边界到所在车道右边界的距离
11	速度	模拟器	50	单位为 km/h
12	X 轴坐标	模拟器	50	车辆在 X 轴所处的位置
13	Y 轴坐标	模拟器	50	车辆在 Y 轴所处的位置
14	Z 轴坐标	模拟器	50	车辆在 Z 轴所处的位置
15	SC	生物反馈仪	256	皮肤表面电位
16	RESP	生物反馈仪	32	呼吸频率
17	BVP	生物反馈仪	32	用于表征心率变化

在表 3-1 中，编号 1～14 的指标为驾驶人操作和车辆运动信息，主要用于表征当前车辆运行状态,而编号 15～17 的指标用于表征驾驶人生理状态变化，通过这 3 项指标的采集能够基本实现对驾驶人的生理心理状态进行预测和判断。

3.2 智能辅助驾驶实车实验系统

智能辅助驾驶实车实验系统主要为驾驶模式决策属性的析取及模式选择建模提供支持和铺垫。为了尽可能地采集较为完备的驾驶模式决策影响属性集，实车实验系统上配备多路摄像头、智能行车预警系统、惯性导航、转角传感器、生物反馈系统、智能手机等设备，如图 3-3 所示。

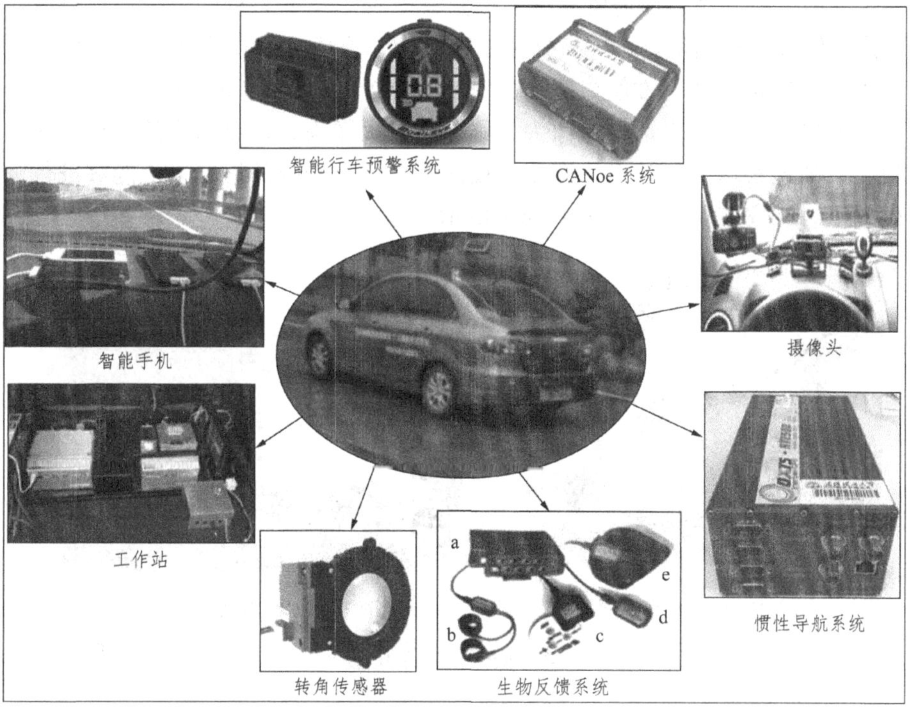

图 3-3　智能辅助驾驶实车实验系统

采用如图 3-3 所示的实验系统能够采集驾驶过程中车辆运动状态和驾驶

人状态等多源信息，不同传感器和设备的详细参数介绍如下：

实验车：实验车辆为灰色长安悦翔牌小轿车，经过改造后，该车在纵向控制方面实现了自适应巡航（Adaptive Cruise Control，ACC）功能，能够实现一定条件下的车辆纵向自动控制。在横向控制方面，通过加装电动助力转向系统（EPS）控制器及相关执行机构，该 EPS 具备 CAN 2.0 通信协议接口，能够接收其他 ECU（电子控制单元）单元发送过来的控制和状态信息，并能够将转向盘转角信号、前轮转角信号、转向扭矩信号等信息以 CAN 2.0 协议格式发送至 CAN 总线，经改造后可实现车辆的自动转向功能。此外，该车通过加装紧急接管按钮，可实现自动驾驶和人工驾驶之间的切换。考虑到外界交通环境的复杂性和现有感知技术的局限性，在实车实验中，主要还是采用人工驾驶方式开展实验[55]。

摄像头：为了实时监控行驶过程中驾驶人和车辆的状态，实验车上配备了 3 路摄像头，分别用于监控驾驶人面部表情、驾驶人操作和前方交通环境状态。其中，前方交通环境监测用的摄像头为 MVCF-F 系列的黑白数字摄像头，该摄像头具有高清晰度、高分辨率和高帧率等特点。采用 USB 接口使其安装维护和连接都变得方便快捷，其安装的位置如图 3-4（a）所示。用于监控驾驶人操作和面部表情的摄像头为红外高清摄像头，该摄像头的特点是能够较为清晰地获取图像效果，即使在夜间或者灯光较暗的情况下也能够进行有效拍摄。其安装位置如图 3-4（b）所示。

（a）前方摄像头位置

（b）驾驶人状态监视摄像头位置

图 3-4　摄像头安装位置

CANoe 系统：CANoe（CAN open environment）系统是由德国 Vector（维克多）公司开发的一款用于汽车总线开发而设计的系统。该系统主要包括 CANoe 设备和数据解析系统两部分，通过采用该系统能够实时获取车辆速度、加速踏板深度、制动踏板深度、转向灯和挡位等信息。其设备及安装位置如图 3-5 所示。

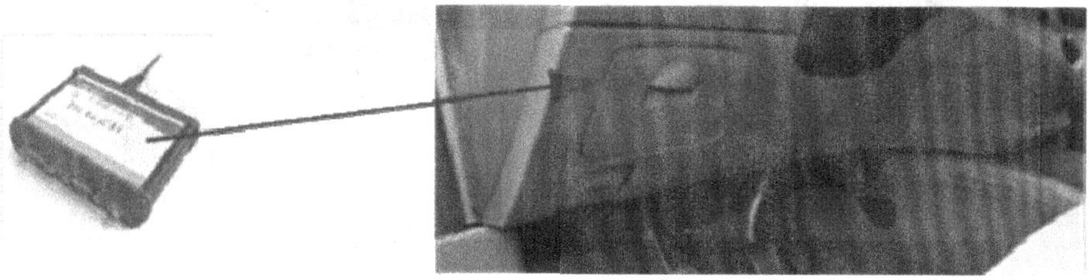

图 3-5　CANoe 设备及安装位置

高精度惯性导航系统（简称“惯导系统”）：是一种利用陀螺和加速度计建立导航坐标系并计算载体在坐标系中的位置和速度的参数解算系统。本实验车上配备的惯导系统型号为 RT2000，该系统的优点是在传统惯导系统的基础上增加了 GPS 接收机和磁场计，能够及时地对系统采集存在的偏差进行自修正，进而获取较为准确的车辆位置、速度、加速度、航向角、俯仰角、侧倾角、角速度等信息，其采用频率为 100 Hz。考虑到惯性导航设备体积和质量都较大，通常将该设备安装于车辆后备厢位置，如图 3-6 所示。

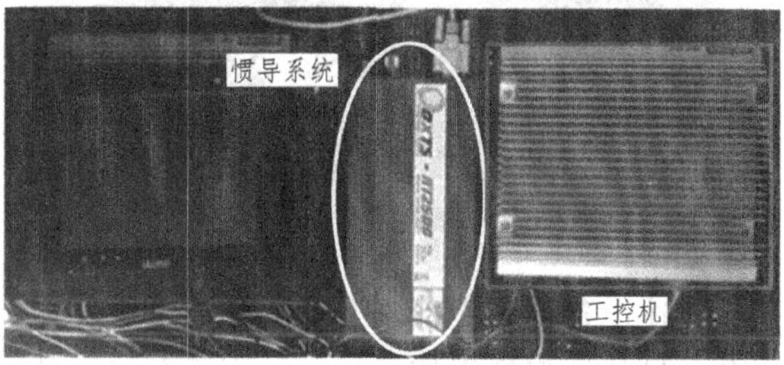

图 3-6　惯导系统安装位置

智能行车预警系统：实验车上配备了由 Mobileye 公司生产的智能行车预警系统，该系统由摄像头组件、EyeWatch 显示装置和 PS3 接线盒三部分构成，能够实现的功能包括前碰撞预警、车道偏离预警、行人检测与防撞预警、车道保持与危险预警。通过使用该系统能够采集车头时距、车道中心距、左车道线间距、右车道线间距等信息。该系统安装在车辆中控台上方和前挡风玻璃上方位置，如图 3-7 所示。

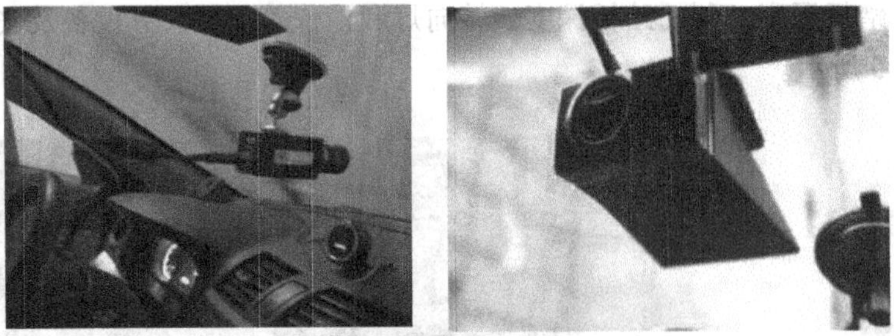

图 3-7　智能行车预警系统及安装位置

智能手机：实验车上还配备了多台智能手机，通过设计算法拟合手机中的陀螺仪和传感器信息，能够实现车速、X轴加速度、Y轴加速度、Z轴加速度、转向盘转角等信息的采集。为了能够提高智能手机数据采集的精度，在车辆中控台上方分别按照横向和纵向各布置两台智能手机，其具体位置如图 3-8 所示。

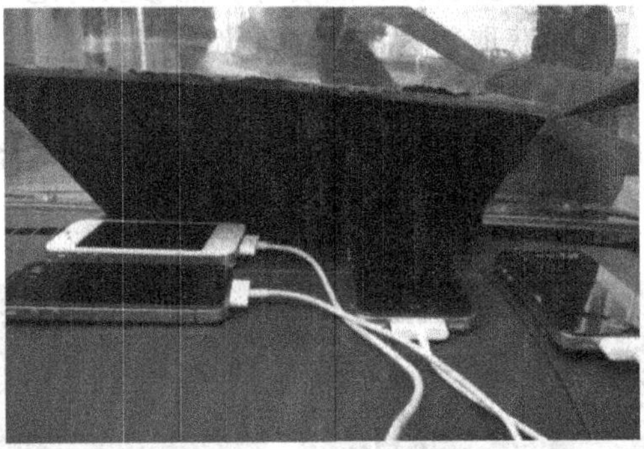

图 3-8　智能手机安装位置

其他设备：除上述设备外，实验车上还配备了电源，用于给上述设备提供正常不间断供电。另外还包括工控机一台，用于存储和处理多传感器采集的数据信息。由于工控机和电源体积较大，所以统一安装在车辆后备箱内，其详细安装位置如图 3-3 所示。

3.3　智能辅助驾驶模拟实验系统

考虑到目前自动驾驶技术和法律等方面的发展还存在着一定的不足和局

限性，在实际道路交通环境下进行全自动驾驶实验还存在较大的风险，所以在虚拟仿真环境下验证分析人机共驾智能车系统的安全性及优势有着较大的现实意义和必要性。基于此，设计了如图 3-9 所示的智能辅助驾驶模拟实验系统。

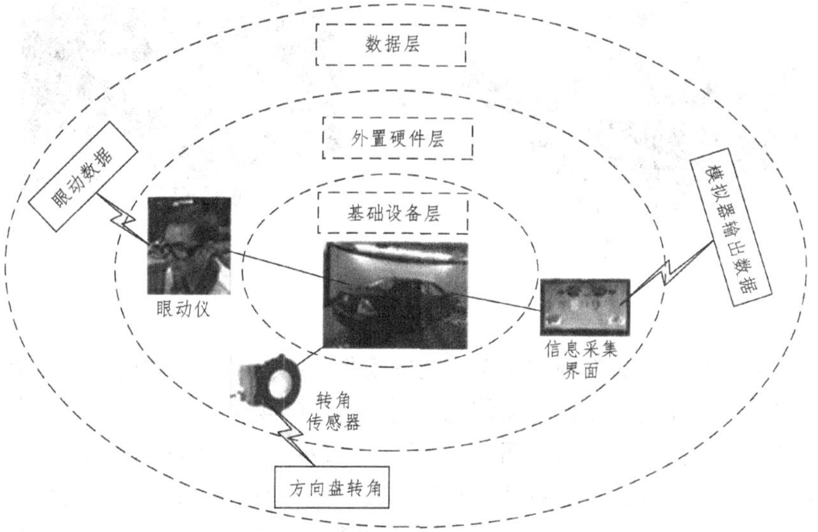

图 3-9　智能辅助驾驶模拟实验系统

智能辅助驾驶模拟系统：模拟实验系统采用的是由威斯康星大学麦迪逊分校土木与环境工程学院研发的汽车驾驶模拟器，如图 3-10（a）所示。该模拟器的座舱是由一辆福特小轿车改装而成，车体下方加装了动感平台，能够模拟与实际驾驶一致的运动效果，如加减速、颠簸、转向等，可使驾驶人有真实的驾驶感受。另外，该汽车驾驶模拟器能够开展包括人工驾驶、警示辅助驾驶和自动驾驶三类不同驾驶模式在内的模拟驾驶实验。其中警示辅助驾驶模式是采用鸣警笛的方式对驾驶人提供警示，当系统检测到需要对驾驶人提供预警时，内置计算机通过播放警笛声提示驾驶人改变当前的驾驶方式。而自动驾驶模式则是采用简易模拟器紧急接管的方式实现的。当系统检测到需要进行驾驶接管的时候，工作人员通过采用如图 3-10（b）所示的紧急辅助接管系统及时对车辆进行接管。采用该种方式来进行接管的优势是能够更加真实平稳地反映出驾驶人在遭遇自动接管时的状态，如果单纯采用计算机直接进行接管，就目前的人机交互技术和模拟器智能化水平而言，还无法得到平稳接管的效果。而采用更为有经验的驾驶人模拟自动驾驶对车辆进行接管无疑能够提高实验的可行性和可控性。

（a）驾驶模拟系统

（b）辅助接管系统

图 3-10　智能辅助驾驶模拟系统

数据采集系统：该驾驶模拟系统能够采集包括速度、加速度、加速踏板深度、制动踏板深度等车辆运动信息，通过加装转角传感器能够采集转向盘转角信息。其数据采集界面如图 3-11 所示。此外，通过查阅相关文献可知，在驾驶过程中，驾驶人视觉特性对车辆行驶安全性有着重要影响，所以，实验中通过采用 ASL 头戴式眼动仪采集了包括驾驶人注视点分配、瞳孔闭合等与注视特性密切相关的指标，该眼动仪的优点是结构简单、佩戴方便、采样率设置灵活、性能稳定，并且其数据格式能够兼容 Excel 和 Matlab 等。其采集过程如图 3-12 所示。

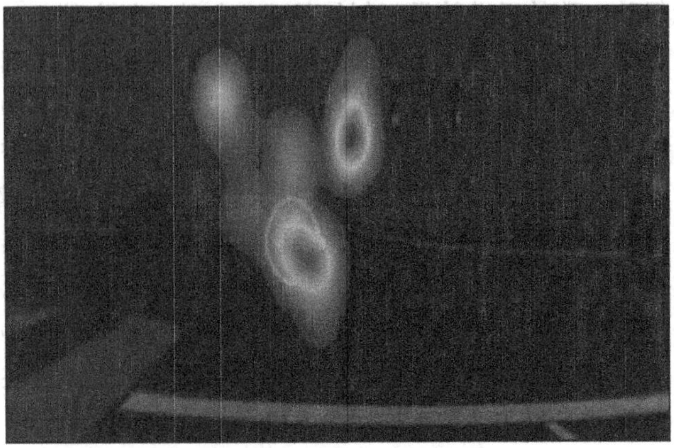

图 3-11　驾驶模拟系统数据采集界面

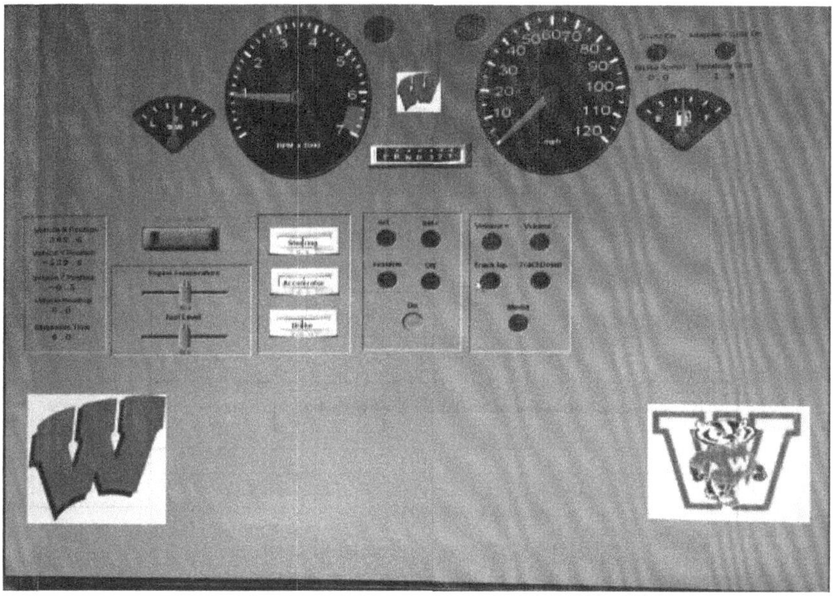

图 3-12　眼动仪数据采集过程

3.4　多传感器信息数据处理方法

3.4.1　实验数据同步处理

由于实验中涉及多源异构数据的采集，而不同设备的信息采集首先必须解决的就是数据开始采集时间的同步问题。只有将各个不同信息源数据的采集时间对应一致才能够保证各设备和传感器采集到的数据能够正确表达车辆运动的特性。基于此，本研究中采用视频拍摄的方式实现对各设备采集初始时间的同步化处理，其具体步骤如下：

首先，将各数据采集设备调整至正常状态（该状态下工作人员只需按下开始按钮即可进行数据采集）。然后，开启摄像机，依次启动各个数据采集设备，并拍摄记录设备开启的时间。最后，以最后开启设备的时间为基准，删除基准点之前其他设备采集的各项数据记录，进而保证所有设备能够在同一时间戳下进行数据采集[56]。以实车实验数据采集为例，对数据采集时间同步的过程进行分析，如图 3-13 所示。

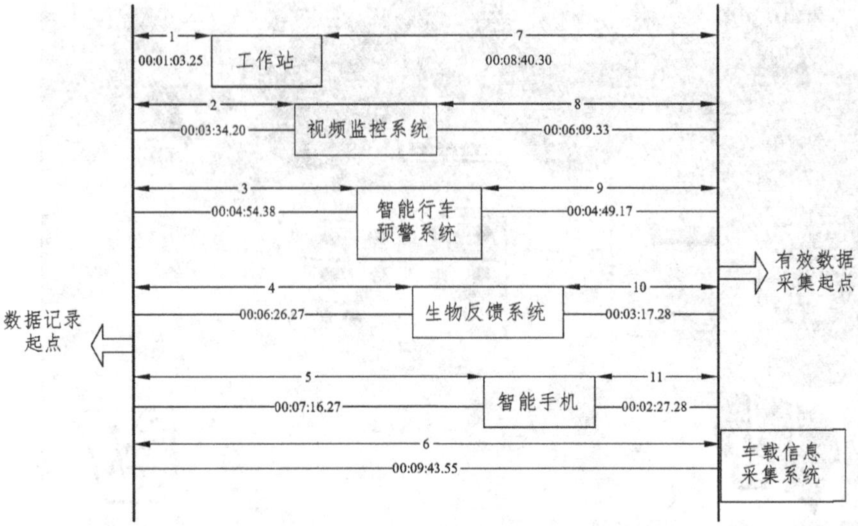

图 3-13 实车实验数据同步示例

图 3-13 中，标号“1/2/3/4/5/6”分别为工作站、视频监控系统、智能行车预警系统、生物反馈系统、智能手机和车载信息采集系统的开始采集数据对应的时刻，标号“7/8/9/10/11”表示各设备的无效数据采集时长，在这时间段内的数据将做删除处理，以保证个实验数据在同一基准时刻进行同步采集。由图 3-13 可知，实车实验完成数据同步的时间约为 10 min，模拟实验由于设备相对较少，其同步工作完成时约间为 5 min。此外，实验完毕后，实验的有效数据以第一台设备关闭的时间为基准，后续采集的数据都定义为无效数据，并进行删除处理。

3.4.2 且多传感器数据预处理方法

实验数据同步完成后，根据不同实验采集的数据指标数量和特点，需对采集的多传感器数据进行以下预处理。

1. 实验数据的标准化处理

不同传感器和设备的数据采样率往往存在较大的区别，如血流量脉冲（BVP）和皮肤表面电导（SC）的采样频率为 256 Hz，呼吸频率（RESP）的采样率为 32 Hz，而眼动仪数据的采样率为 60 Hz。这就决定了在进行数据分析之前必须完成实验数据标准化工作，考虑到三类实验进行的时间都较长，且研究对象特征变化经历的时长一般超过 1 s，所以处理过程中首先将不同设备采集的数据格式统一后，导入 Matlab 中进行统一存储。然后根据不同设备的采样率以 1 s 为时间单位计算其均值进行数据降频处理，最终得到所有指标的数据即为标准化处理后的数据集。

2. 数据奇异值修复和处理方法

数据出现奇异值的情况一般包括两种：一种为由于操作失误或者传感器接触不良等原因造成较长一段时间内大面积的数据缺失；另外一种可能是由于特殊区域信号不良或者信号不稳定造成的小部分数据缺失。针对两种不同的数据缺失或者错误的情况，本研究中分别采用以下两种方法进行数据预处理或者修复。

（1）大面积数据缺失的情况。

在实验过程中，尤其是在实车实验中，由于车辆颠簸、驾驶人动作等原因可能会造成在一段时间内传感器或者设备接触不良而出现的设备停止数据采集的状况。针对这类数据缺失情况，采用 Observer XT 行为分析软件进行数据处理。其处理过程包括三个步骤：首先，将视频和各设备采集的数据都同步导入至 Observer 软件系统中；然后，通过观看视频寻找异常的数据片段并对其进行编码，编码完成后，将编码好的数据片段进行删除，并对剩余数据进行整合；最后，利用软件的数据导出功能将处理后的数据文件导出并保存[57]。采用该种方法的优点是能够非常直观地对数据进行观察，在观看视频过程中，随着视频中时间的变化，其他对应数据也会时间变化而发生对应的移动，这样可以很明显地发现数据中存在的缺失。另外，该软件还具有视频和数据片段自动合成功能，当删除异常数据片段后，剩余视频数据和其他数据能够进行自动拼接，有利于保障数据的完整性。

（2）小部分数据缺失的情况。

实验中由于设备稳定性等问题，可能会造成某些数据出现跳变或小部分异常等情况，这部分数据往往可以采用一些插值方法进行数据修复。常用的差值方法包括分段插值法、Lagrange 插值法、最小二乘法和样条插值法等。陈弘等提出采用三次样条插值法能够有效地对速度、转角等数据异常值进行修复[58]。所以，本研究尝试采用该方法进行数据修复，三次样条插值的基本理论表述如下：

假设存在有序的数据点集合：

$$\boldsymbol{X}=[x_0,x_1,\cdots,x_k],\ \boldsymbol{Y}=[y_0,y_1,\cdots,y_k] \tag{3-1}$$

$$x\in[x_{i-1},x_i],i=1,2,\cdots,k \tag{3-2}$$

在此区间内存在插值函数：

$$f_i(x)=a_{i1}x^3+a_{i2}x^2+a_{i3}x+a_{i4} \quad (3\text{-}3)$$

式中，$i=\{1,2,...,k\}$；a_{ii} 表示为未知数的系数。为保证函数曲线的连续性，式（3-4）应满足条件：

$$\begin{aligned}&f_i(x_{i-1})=y_{i-1}, i=1,2,\cdots,k\\&\lim_{x\to x_i} f_i(x)y_i, i=1,2,\cdots,k\end{aligned} \quad (3\text{-}4)$$

为使得三次样条插值函数在各数据点处的 1 阶导数存在且连续，需满足：

$$\lim_{x\to x_i} f_i'(x)=f_{i+1}'(x_i),\ i=1,2,\cdots,k-1 \quad (3\text{-}5)$$

为使得三次样条插值函数在各数据点处的 2 阶导数存在且连续，需满足：

$$\lim_{x\to x_i} f_i''(x)=f_{i+1}''(x_i),\ i=1,2,\cdots,k-1 \quad (3\text{-}6)$$

为对公式（3-3）进行求解，需对中间节点建立约束方程，其具体表述如式（3-7）所示：

$$f_i''(x_0)=y_0'',\quad f_i''(x_n)=y_n'' \quad (3\text{-}7)$$

综合上述公式即可对公式（3-3）中系数进行求解[59, 60]。

为了验证该插值方法对本研究中的数据修复是否适用，随机选取了一组实验中的 150 条速度值的数据样本进行验证实验，在该数据样本中随机删除 10 个样本点，然后采用三次样条插值法对删除样本点进行修复，得到的数据修复结果如图 3-14 所示。通过对 10 个修复后的数据点与真实数据点进行对比，得到其相对误差如图 3-15 所示。

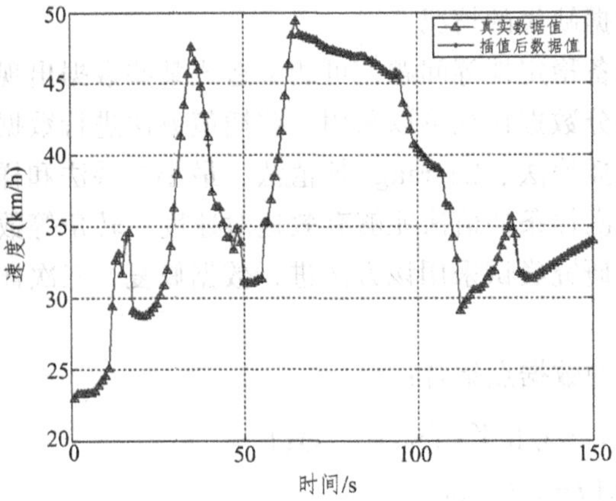

图 3-14 基于三次样条插值的数据修复结果

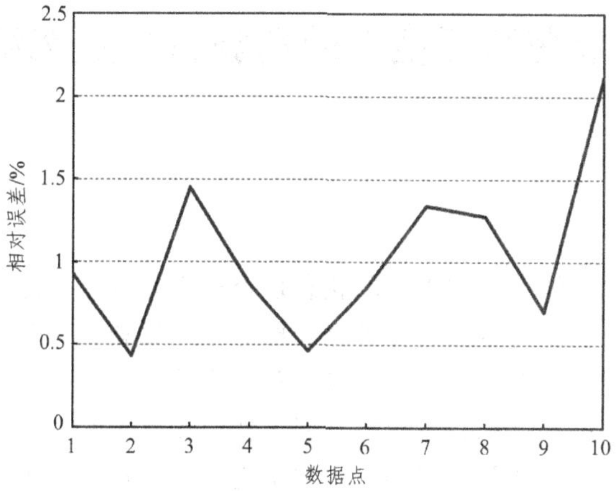

图 3-15　相对误差分析结果

由图 3-14 可知，就直观比较而言，采用三次样条插值法对数据点进行复原得到的结果基本与真实值一致。而由图 3-15 可知，通过对 10 个真实数据点和修复数据点的相对误差进行分析发现,除第 3 个和第 10 个数据点的相对误差值大于 1.5%外，其他点的相对误差值都小于 1.5%，即说明该三次样条插值方法能够较好地实现对速度值的修复。

为了进一步阐述该方法的有效性，选取实验中出现异常的速度数据片段作为示例进行说明，该片段包括 300 个数据点，由于信号缺失等原因导致其中一些数据点缺失，通过采用三次样条插值法进行修复得到的结果如图 3-16 所示。

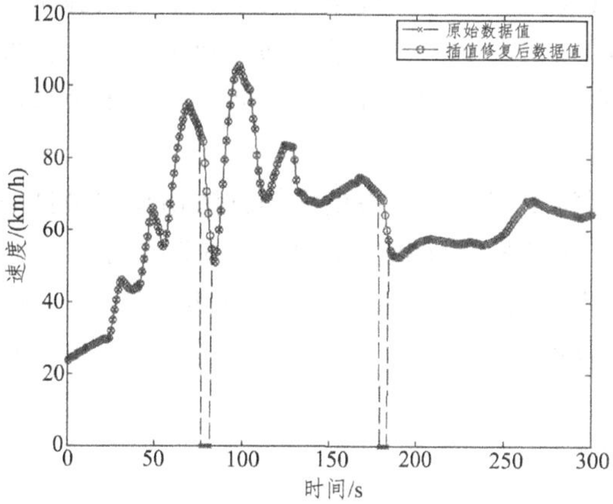

图 3-16　基于三次样条插值的速度异常点修复结果

4 复杂交通环境下的驾驶行为险态辨识方法

生理特性变化是体现驾驶人当前状态是否安全的重要指标。当驾驶人在特殊交通场景下出现压力过大、分神、失控等危险驾驶状态时，通过对生理指标的监测往往能够直接有效地反映其驾驶行为险态等级[59]。为了能够实现对驾驶行为险态的准确辨识，本研究开展了特定场景下的模拟驾驶实验。利用第 2 章中介绍的汽车驾驶模拟器平台和生物反馈设备，采集了模拟驾驶实验中驾驶人的生理特性变化数据。利用时间窗方法对不同的交通场景的持续时间进行标定，并对该时间段内的生理指标数据进行处理和优化。在此基础上，建立了基于 K-均值模糊聚类的驾驶行为险态辨识方法。

4.1 不同驾驶行为险态下驾驶人生理特性参数采集

4.1.1 实验被试招募

本实验采用汽车驾驶模拟器来开展。为了减少由于缺乏模拟驾驶体验而导致的生理反应异常及操作失控等现象的发生，本次实验招募的对象以曾经有过模拟驾驶体验的在校大学生、大学教师以及少部分社会驾驶人为主，且要求被试必须获得驾驶执照（C1 及以上）。此外，要求被试需同意佩戴生理设备进行模拟驾驶实验。

通过采用在校园派发传单及网络论坛等方法招募到被试 32 人，其中 2 人由于实验过程中产生眩晕等症状而退出，最终确定有效被试为 30 人。其中男性驾驶人 22 名，女性驾驶人 8 名。驾驶人的年龄在 21 ~ 40 岁（平均年龄为 24.6 岁，标准差为 4.8），平均驾龄为 4 年（标准差为 1.5）。

4.1.2 实验场景设计

为了能够更加真实地模拟实际驾驶过程，增强模拟驾驶逼真度和受试者的沉浸感，实验场景是根据武汉市某一实际道路参数进行设计的，采用

Roadbuilder 软件进行实现并加载到汽车驾驶模拟器中。付强[60]、严利鑫[61]等人的研究表明采用该方法进行模拟场景的设计能够更快地使驾驶人进入驾驶状态，有利于获取更为准确的实验数据。经过反复调试和修正，最终得到本实验的场景如表 4-1 所示。

表 4-1 实验场景设计参数

场景要求	详细设计参数
时间	白天
天气	晴天或者多云，路面干燥
道路类型	城市道路
道路条件	路段全长 30 km，主干道为双向六车道，次干道为双向四车道，包含交叉路口 8 个，公交站 5 个，交叉口人行横道和可穿行区域有行人穿行，主干道非机动车道与机动车道之间有绿化带分隔
路侧环境	道路两旁有商业楼、标志牌、花木等
背景车流	随机生成由公交车组成的车流，主干道车流量为 2 000 V/h，次干道车流量为 1 000 V/h，均遵守交通规则行驶

其中，相关研究表明当车流量较大、车辆处于交叉路口及途经公交停靠站点等情况时，车-车、车-人发生冲突的可能性大大提高[62]。为了使本实验中采集的不同驾驶行为险态等级的交通事件数量能够相对比较均衡，场景设计过程中特别增加了交叉口和公交站点的数量。场景实现的实际效果如图 4-1 所示。

（a）行人穿越马路

（b）公交停靠

（c）路侧建筑

（d）交叉口

图 4-1　实验部分场景效果

4.1.3　实验过程

实验要求两名实验助理协助驾驶人共同完成实验任务，其中一名实验助理作为辅助者，负责驾驶模拟器的调试以及协助驾驶人佩戴生物反馈仪等设备。另外一名助理作为实验记录者，其任务包括记录驾驶人个体特征信息、实验过程中特殊交通事件的记录以及驾驶人自汇报结果的记录，实验完毕后负责整理实验采集的数据和录像。由于该任务对专业性要求比较高，所以由本课题组具有相关项目经验的研究生担任实验记录者。正式实验的流程如图4-2所示，其数据流向如图4-3所示。

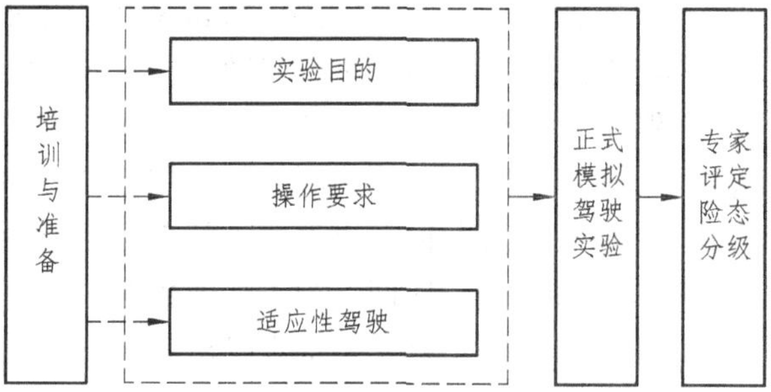

图4-2　实验流程

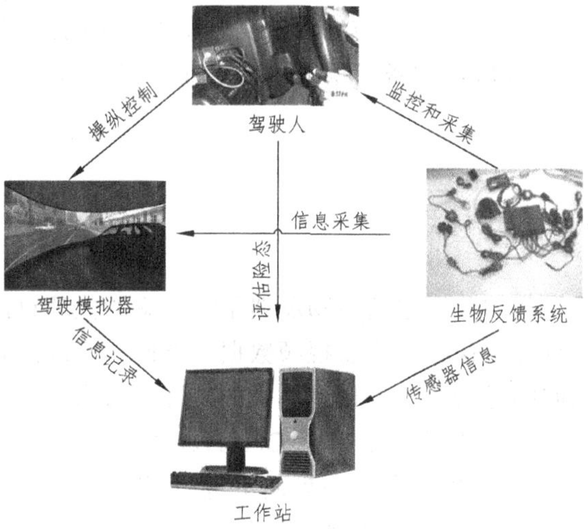

图4-3　数据流向

由图4-2可知，实验包括4个关键步骤，详细实验过程为：

步骤1：实验准备。向被试介绍实验的目的、要求和注意事项，并告知被试实验的奖惩规定（即按照要求完成驾驶任务可获得 100 元人民币酬劳，如果提前终止实验或者未达到实验要求，则需重新进行实验或者不支付酬劳）。与被试签订实验协议和知情同意书，并要求被试如实填写一份关于被试个体信息（包括被试年龄、性别、驾龄、驾照类型、驾驶里程等）的问卷。

步骤 2：预实验。向被试介绍驾驶模拟系统及需佩戴设备的操作规范和注意事项，工作人员协助被试完成生物反馈仪的正确佩戴。然后让被试进行 10 ~ 15 min 的汽车驾驶模拟器适应性驾驶。适应性驾驶完成后，被试在车内休息 5 min，调整好生理心理状态，此时工作人员进行场景切换，启动系统进入预先设计好的场景，并确认所有数据输出都处于正常状态。

步骤 3：正式实验。实验开始，驾驶人须在 20 min 内完成驾驶任务，在驾驶过程中，驾驶人须按照正常驾驶习惯进行驾驶，且不能出现驶出道路、逆行等违法交通行为。驾驶人每隔 2 min 需对当前交通事件下的自我感受（汇报分为：1——可忽略，2——可容忍，3——不可容忍三种）进行汇报。此外，当驾驶人感觉到行驶安全性受到威胁时，也需要对其主观感受进行汇报，实验助理需详细记录汇报开始和介绍的时间。为了保证数据采集的完整性，驾驶人不得单方面结束驾驶任务，需得到实验助理发出的停止信号后才能停车熄火。

步骤 4：驾驶任务完成后，实验助理与驾驶人进行一个简单的访谈，重点询问是否有遗漏记录实验过程中危险的交通场景。访谈完毕后，支付被试薪酬。实验助理负责保存和备份所有实验数据，然后关闭实验设备，实验结束。

4.1.4 实验数据预处理

由于实验最终采集的数据包括生物反馈系统采集的生理数据、实验助理记录的场景数据、计算机保存的实验视频数据三方面，所以需要先将实验数据按照统一的时间间隔进行对应处理，具体的处理方法为：

（1）数据的同步。数据的同步采用 Observer 行为分析软件完成，该软件能够将视频数据和生理数据在同一界面下进行显示。然后通过编码的方式将助理记录的交通事件在视频中进行标记，标记完毕后，所有的交通场景对应的事件类型、视频片段、生理数据片段都能够进行分类储存。工作人员只需提取所需要的数据片段进行有针对性分析即可，无须再处理所有的数据集。

（2）异常数据处理。实验中出现的异常数据包括两类：一类是由于驾驶人操作不当而导致某一段时间内实验设备采集处于非正常状态，这类数据的特点是在较长的时间片段内维持在一个定值或者零值；另一类则是由于生物反馈设备处理计算量大，保存的数据量也很大，加之系统本身存在一定误差，所以数据中会出现部分奇异值，如采集的血流量脉冲值（BVP）在某一点可能出现大于 70 或小于 0 等情形。针对第一类异常数据，本研究采用的方法是删除该时间段内数据值及其对应的视频和自汇报数据片段。针对第二类异常数据，采用的是第 3 章中所介绍的三次样条插值方法对数据进行还原。

4.2 不同交通事件下驾驶人生理特性分析

4.2.1 基于时窗长度理论的交通事件持续时间标定

驾驶行为险态具有不可控性和不确定性，而基于交通事件对其危险等级进行区分能够提高辨识的准确率。Dingus 等人将交通事件分为以下 3 种类型[63]：

（1）交通事故：在该交通事件中，目标车辆和其他车辆、障碍物、行人、动物、非机动车等发生物理意义上的接触并发生形变，体现的具体形态为碰撞、侧翻、追尾等。

（2）潜在交通事故：在该状态下，驾驶人需要采取快速的、大范围的操作动作来防止交通事故的发生。

（3）一般交通事件：在该状态下，驾驶人只需要稍微采取较小的车辆修正动作即可，无须采用大范围、剧烈的操作行为。

考虑到实验过程中交通事故出现的次数和可能性较少，本研究中综合考虑事故严重性及工业系统中对风险的定义，对交通事件的驾驶行为险态等级定义进行了一定的修改，也将其分为 3 种类型[64]：

（1）不可容忍：将所有前文提到的交通事故和部分潜在交通事故归结为不可容忍状态。其中部分潜在交通事故的界定方法是：当行人突然横穿马路、周边车辆突然变道等特殊交通事件（更多的特殊交通事件见交通运输行业标准 JTT 916—2014《道路运输驾驶员　特殊环境与情境下安全驾驶技能培训与评价方法》）出现时，且在该情境下驾驶人不得不采取违反交通法规或者损害车辆寿命为代价的操作来规避交通事故的发生，本研究中定义这类交通事件的驾驶行为险态等级为不可容忍。

（2）可容忍：当出现交通运输行业标准 JTT 916—2014《道路运输驾驶员　特殊环境与情境下安全驾驶技能培训与评价方法》中描述的特殊交通事件时，由于当前车辆运动状态良好及驾驶人操作合理等原因使得车辆无须采取紧急操作的方式进行驾驶，这种交通事件类型的驾驶行为险态等级为可容忍状态。

（3）可忽略：该类交通事件出现时，对驾驶人产生的干扰很小，无须投入过多的精力进行规避。

研究表明[65]，交通事件的时间窗长度对所构建模型识别准确率有重大影响。时间窗长度选取过大会导致数据冗杂，无法进行准确标定，而时间窗过小则可能导致数据特征不明显，无法实现对交通事件的准确决策。因此，本研究将不同时间窗下目标交通事件的识别率作为时间窗长度选择的判定条件。不同时间窗下目标交通事件的识别率如图 4-4 所示。

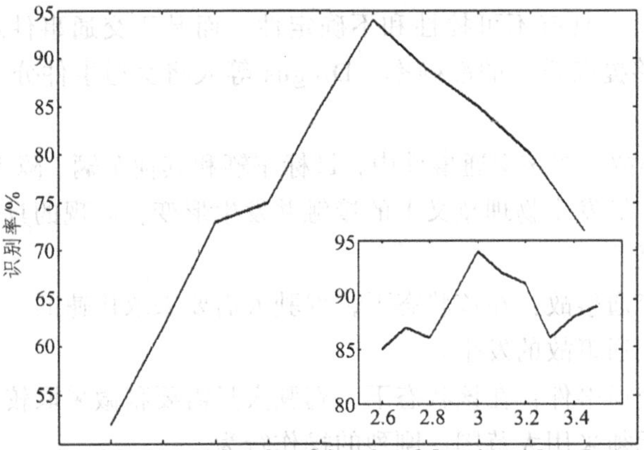

图 4-4　时间窗标定

在对时间窗长度进行标定过程中，首先选择 0.5 s 为时间间隔进行计算，当确定小区间（即最优时间窗处于某一较小区间内，区间间隔为 1 s）后，采用 0.1 s 为时间间隔，进行再次细化标定，最终得到最优的时间窗长度。由图 4-4 可知，当时间窗长度为 3 s 时，交通事件识别率最高达到 94%。所以本研究采用 3 s 作为时间窗对模拟实验采集的数据进行处理和分析。

4.2.2 生理特征指标选取及特性分析

驾驶人的驾驶状态是由其生理心理状况及心理活动决定的，随着驾驶人生理心理检测技术的快速发展，新一代的安全辅助驾驶系统逐渐开始关注于通过准确测量驾驶人生理心理指标变化来实现对危险驾驶行为的监测和警示。清华大学的李力等人通过进行大量的调查分析，建立了驾驶人生理心理状态和驾驶行为及车辆行驶行为的关系模型，如图 4-5 所示[66]。

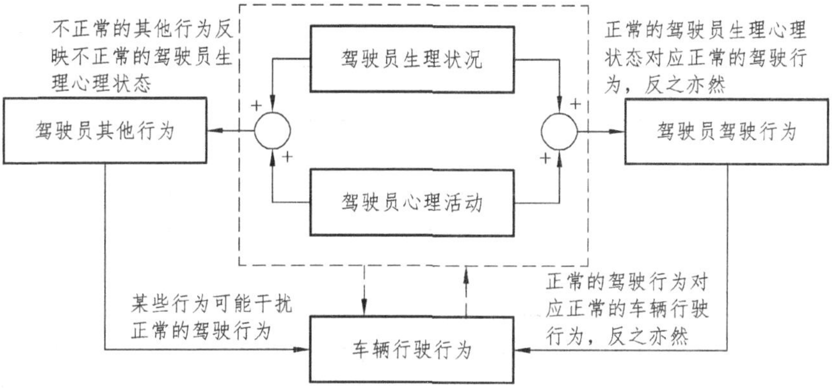

图 4-5 驾驶员生理状态和驾驶行为及车辆行驶行为的关系

由图 4-5 可知，驾驶人生理状态会对其驾驶行为产生直接的影响，进而改变车辆行驶行为，所以通过观测驾驶人生理指标的变化来实现对驾驶行为险态的判定在理论上是可行的。而通过分析文献发现，国内外大多数学者目前都倾向于采用驾驶人的血流量脉冲（BVP）、呼吸率（RESP）、皮肤电导（SC）[67]及脑电波（EEG）[68]等指标对疲劳、分神、驾驶压力、攻击性驾驶等危险驾驶行为状态进行判断分析[69]。考虑到实际操作的可行性及设备采集的敏感性，脑电波数据受外界环境的干扰太大，并且一些细小的驾驶人动作都会引起脑电波的剧烈变化。所以，本研究最终使用第 3 章中所介绍的生物反馈仪采集了驾驶人在模拟实验过程中的血流量脉冲（BVP）、呼吸率（RESP）、皮肤电导（SC），期望通过对这三个指标的分析实现对不同等级驾驶行为险态的辨识。

在实验过程中，生理指标作为客观表征驾驶人状态的重要参数，但是实验采集的生理参数数据具有采样率高、数据量大等特点，直接使用采集的原始数据进行分析无法显著表现生理指标与驾驶行为险态之间的相关性规律，所以，需首先对采集的原始实验数据进行降频、去噪、数据还原等操作。为了能够更直观地描述对生理指标的处理过程，本研究选取被试 01 的实验数据为例进行分析，其初始生理指标变化曲线如图 4-6 所示。

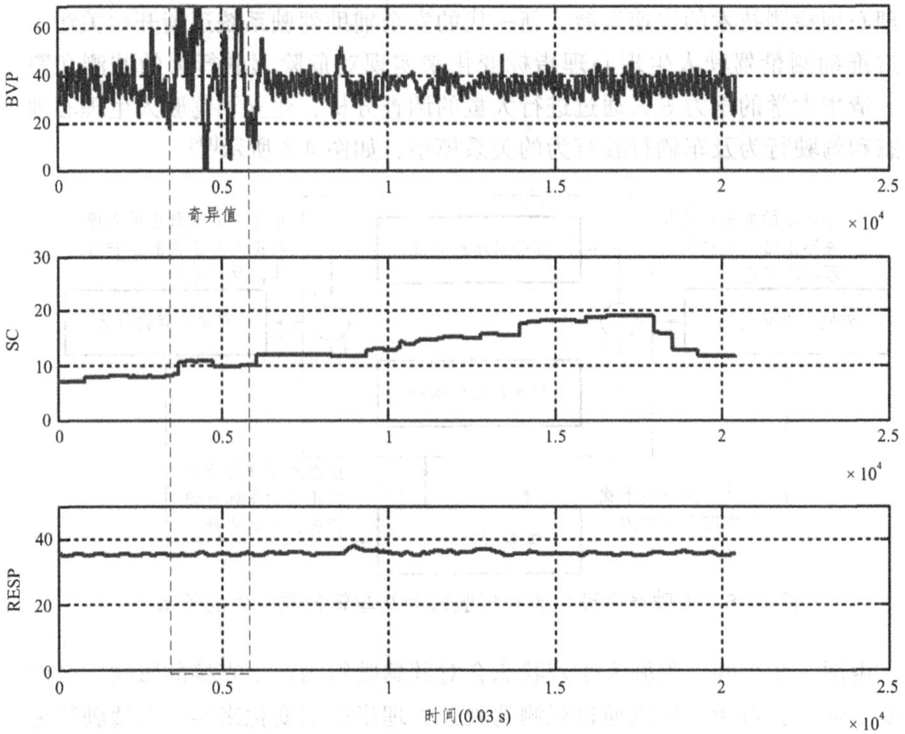

图 4-6　被试 01 生理指标变化图

由图 4-6 可知，该数据集在图中虚线标出的区间内存在奇异值，所以首先需采用三次样条插值法对奇异值进行修复。然后以 3 s 为时间间隔，将数据集分割为 212 个数据块，并分别对这些数据块的均值进行求解。数据预处理完毕后，将标准化处理后的数据集导入 Observer 行为分析软件中，同步导入实验采集的视频。最后将实验中记录的驾驶人自汇报数据采用编码的形式进行加载，编码过程中，驾驶人汇报的等级分别用数字 1、2、3 表示（1——可忽略，2——可容忍，3——不可容忍），而没有汇报的数据块则采用数字 0 进行补充。

图 4-7 所示为进行数据预处理后的生理指标变化曲线。由图 4-7 可知，经过预处理后的 3 个生理指标的数据值都处于正常的区间范围内。而驾驶人自汇报结果中表明：等级 1 出现了 10 次，即所记录的交通事件中有 10 次驾

驶人认为是可忽略的；同时包含 11 次驾驶人认为其险态等级为可以容忍；此外还出现了 5 次驾驶人认为危险等级为不可容忍的交通事件。

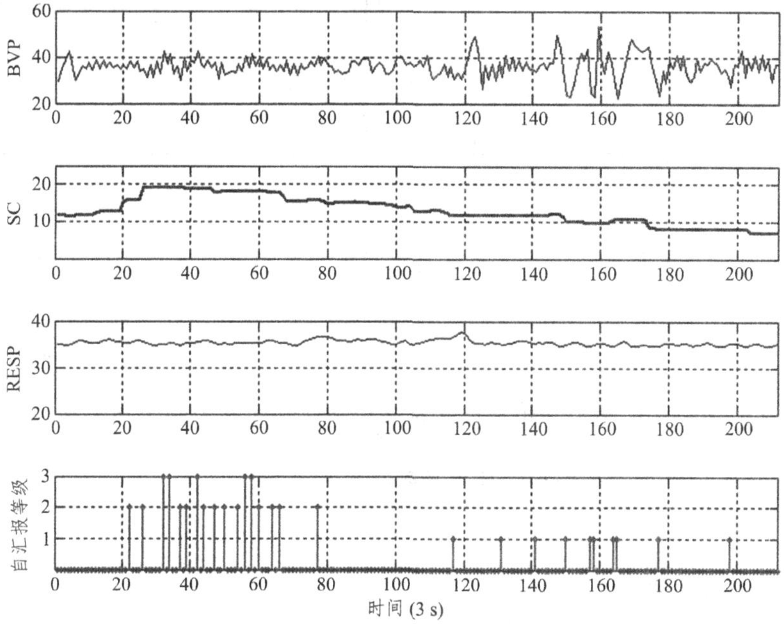

图 4-7　预处理后的生理指标曲线

对 30 名被试的实验数据都采用与被试 01 相同的处理方法，数据处理结果表明：相较于可忽略和可容忍这两个险态等级下，驾驶人驾驶行为险态等级处于不可容忍状态时，其 BVP 和 SC 在 3 s 这一时间窗内的均值会出现增大趋势，但 RESP 数据变化规律性不强。因此需对不同被试实验中 BVP、SC、RESP 数值与驾驶人自汇报等级的相关性进行统计分析，得到的相关系数分布如图 4-8 所示。

皮尔逊（Pearson）相关系数法统计结果表明：在参与实验的 30 名被试中，90%的被试的 BVP 值与驾驶人自汇报驾驶行为险态等级之间存在正相关，即险态等级越高，BVP 值越高；超过 90%的被试的 SC 值随着险态等级的升高呈现上升趋势，且有 30%的实验被试的 SC 值与险态等级呈显著正相关（$p<0.05$）。RESP 的计算结果与 BVP、SC 的计算结果存在一定差异性，其相关系数值有一部分为正数，也存在较多为负数，且系数绝对值基本都小于 0.5，未出现与 BVP、SC 类似的与驾驶行为险态等级呈正相关的规律。

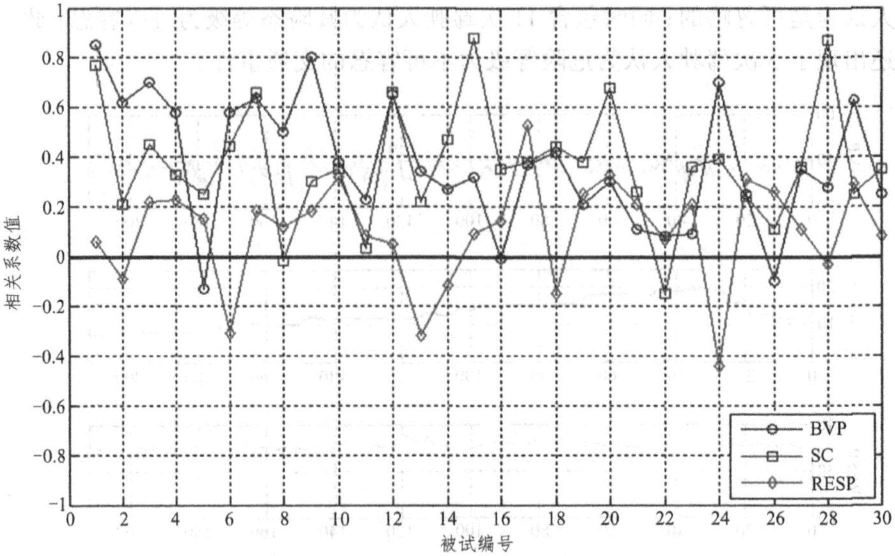

图 4-8 生理参数相关系数分布

4.3 基于 K-means 聚类的驾驶行为险态辨识方法

K-means 聚类算法是 J. B. MacQueen 在 1967 年提出的一种非监督聚类方法，其核心思想是试图将 n 个目标对象采用一定的规则划分为 k 个簇，而各个簇中的对象具有一定的相似性[70]。其优点是方法结构简单、聚类效率高、对于结构复杂的大数据具有较强的伸缩性等，所以该算法在工程应用等领域有着十分广泛的应用[71]。

根据工业系统中对险态的分级方法将驾驶行为险态定义为 3 级，同时考虑到驾驶行为险态辨识的特征指标数量（本研究中只考虑了前人研究中涉及的 3 个生理指标[72]）较少。另外，其特征指标的数据集为固定时间窗内的平均值，属于离散型变量，因此采用 K-means 聚类方法能够满足本研究中提出的对于驾驶行为险态进行辨识的要求。

4.3.1 K-means 聚类算法介绍

假设存在样本数据集为 $S=\{x_1,x_2,\cdots,x_n\}$，需将该数据集通过采用

K-means 聚类算法自动划分为 K 类，其中每个类分别用 $C_1, C_2, \cdots, C_K$ 表示，则 $C_1, C_2, \cdots, C_K$ 应满足：

$$\begin{cases} C_i \neq \varnothing, i=1,\cdots,K, \\ C_i \cap C_j = \varnothing, i=1,\cdots,K, j=1,\cdots,K, i \neq j, \\ \bigcup_{i=1}^{K} C_i = S \end{cases} \tag{4-1}$$

目前，聚类结果类别的判定最常用的方法为多维欧式距离法，其评价的准则函数 J 如式（4-2）：

$$J = \sum_{i=1}^{K} \sum_{j=1}^{n_i} d_{ij}(x_j, C_i) \tag{4-2}$$

其中，n_i 表示第 i 个簇的对象个数；$d_{ij}(x_j, C_i)$ 表示各个簇中所有数据对象到其对应的簇质心的欧式距离。由此可知，准则函数 J 表示为所有对象对其所在簇中心的欧式距离之和，当函数 J 的值越小时，说明簇内各对象之间关系越紧凑，与其他不同簇之前就越独立。所以通过不断对函数 J 的取值进行优化最终能够获取最优的聚类方案[73]。

采用 K-means 聚类算法对驾驶行为险态进行辨识分类的具体步骤如下：

（1）确定用于聚类分析的特征向量 x_i 及其数据集 $S = \{x_1, x_2, \cdots, x_n\}$。

（2）确定聚类数目，根据数据特点将聚类数目设定为 $C = 3$（将驾驶行为险态分为可忽略、可容忍、不可容忍三类）。

（3）从数据集 S 中随机选取 3 个为初始聚类中心 C_1, C_2, C_3。

（4）计算各数据对象到设定的初始聚类中心的欧式距离 $d[x_i, C_j(I)]$，其中 $i = 1,2,\cdots,n, I = 1,2,3$，若满足 $d[x_i, C_j(I)] = \min\{d[x_i, C_j(I)], j = 1,2,3\}$，则 $x_i = C_j$；

（5）重新寻找簇的质心 $C_i(I+1)$，$I = 1,2,3$，其计算公式：

$$C_i(I+1) = \frac{1}{n_i} \sum_{j=1, x_j \in C_i}^{n_i} x_j, i = 1,2,3 \tag{4-3}$$

（6）当存在任意的 $i \in \{1,2,3\}$，对于 $C_i(I+1) = C_i(I)$ 都成立时，算法终止。且当前的 $C_i(I), I = 1,2,3$ 为最终的簇，否则，返回步骤（4）。值得注意的是，为了避免由于无法得出最优解而导致的无限循环，算法中设置最大的迭代次数为 10，当运行至最大迭代次数时，算法也将终止，并输出最终的聚类结果。

（7）对输出的聚类结果进行判断，通过调整迭代步数等再次优化聚类结果[74]。

该算法实现的流程如图 4-9 所示。

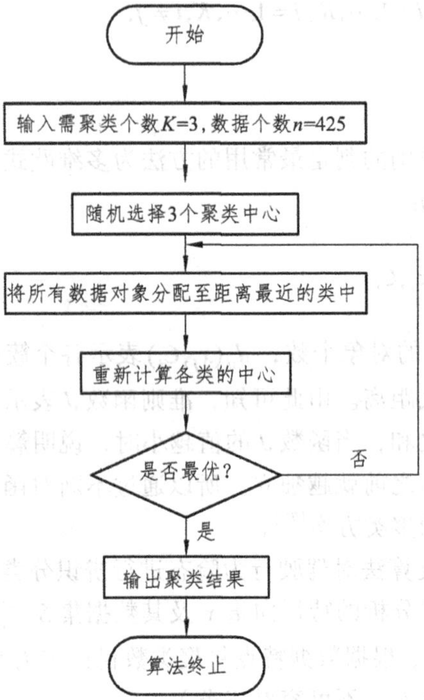

图 4-9　K-means 聚类算法流程

4.3.2　驾驶行为险态单特征的聚类分析

为了深入探讨驾驶人生理指标与驾驶行为险态之间的关联关系，对提取的 3 个生理指标分别进行 K-means 聚类分析。表 4-2 所示为求解后所得出的 3 个生理特征指标最终的聚类中心。

表 4-2　3 个生理指标的聚类中心

驾驶行为险态	聚类中心	BVP	SC	RESP
可忽略	a_1	24.74	5.82	34.42
可容忍	a_2	31.40	13.24	35.95
不可容忍	a_3	41.81	22.97	38.11

根据各个最终聚类中心，采用欧式距离法计算 425 个样本与聚类中心的距离值，并根据距离值大小确定样本所属的类别。为了评价聚类结果的有效性，文中以驾驶人自汇报的驾驶行为险态等级为基准，将聚类得出的样本识别结果与驾驶人自汇报结果进行对比，可以得到 3 个生理特征分别采用 K-means 聚类方法对不同驾驶行为险态识别的准确率，如表 4-3 所示。

表 4-3　单特征 K-means 聚类识别准确率

识别正确项	BVP	SC	RESP
样本总数	425	425	425
可忽略状态	197	200	204
可容忍状态	146	82	122
不可容忍状态	82	143	99
总识别率/%	84	84.24	74.65
可忽略状态识别率/%	75.27	90.86	69.89
可容忍状态识别率/%	92.64	92.64	65.79
不可容忍状态识别率/%	86.84	77.63	81.16

从表 4-3 可以看出，3 个生理特征对于驾驶人驾驶行为险态的识别效果均较为理想（其中 BVP 和 SC 的总识别率都在 80%以上）。其中，SC 这一特征指标对可忽略状态和可容忍状态识别效果最好，其识别率分别达到 90.86% 和 92.64%，而 BVP 对不可容忍状态和可容忍状态的识别率较高，其识别率分别达到 86.84%和 92.64%。

4.3.3　驾驶行为险态组合特征的聚类分析

4.3.3.1　驾驶行为险态特征指标全组合的聚类分析

为了提高危险驾驶行为状态识别的准确率，尝试采用不同特征组合对驾驶人驾驶行为险态进行辨识。首先考虑 3 个生理指标的全组合，即采用特征向量 $X=\{BVP, SC, RESP\}$ 对不同状态进行判定。经计算该特征组合的最终聚类中心为：

$$\boldsymbol{A}=\begin{bmatrix} a_1 \\ a_2 \\ a_3 \end{bmatrix}=\begin{bmatrix} 24.69 & 6.36 & 34.48 \\ 33.23 & 14.72 & 35.29 \\ 40.75 & 19.58 & 36.06 \end{bmatrix}$$

采用欧式距离法对 425 个样本所归属的类别进行确定，并最终得到 425 个样本采用全组合进行 K-means 聚类的结果分布，如图 4-10 所示。

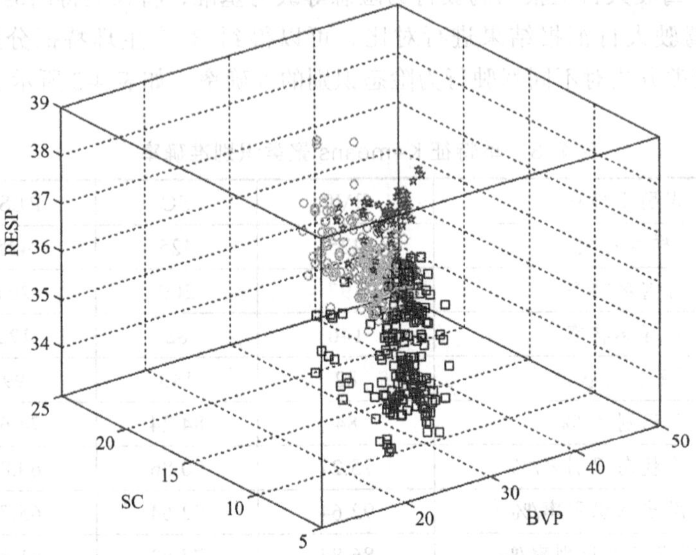

图 4-10　全组合的 K-means 聚类结果

图 4-10 中全组合向量对 425 个样本进行 3 种分类的界限并不明显，将聚类得出的样本识别结果与实际观察结果进行对比可知：3 个生理特征组合准确识别的样本数量为 394 例，识别准确率达到 92.70%，其中，对可忽略状态正确识别 177 例，准确率为 95.16%，可容忍状态正确识别为 153 例，准确率 93.87%，不可容忍状态正确识别的样本数量为 64 例，准确率为 84.21%。全组合识别结果与单特征识别结果相比，其总体识别率得到了一定的提高，但是对于不可容忍状态识别的准确率低于以 BVP 为向量时的识别结果。因此，组合聚类的方法能够提高识别的准确率，但是 3 个指标的全组合可能并非驾驶行为险态辨识的最优组合。对聚类结果进行方差分析，得到结果如表 4-4 所示。

表 4-4　方差分析

	聚类		误差		F	Sig
	均方	df	均方	df		
BVP	16.21	2	0.58	425	27.93	0.00
SC	4 248.00	2	4.15	425	1 022.55	0.00
RESP	7 489.99	2	6.34	425	1 182.38	0.00

从表 4-4 中可见，聚成的 3 类在 BVP、SC 和 RESP 的均值间无差异的原假设下，出现目前值或者更极端值的概率都为 0.00，故 3 个生理特征指标在分类过程中均在统计学上有显著统计意义（p=0.00<0.05），无法单纯地通过采用方差分析来减少特征向量的个数。

4.3.3.2 驾驶行为险态特征指标两两组合的聚类分析

通过分析可知，采用组合聚类的方式能够提高识别的准确率，但由表 4-4 可以看到，3 个生理指标在分类过程中对驾驶行为险态都呈现显著相关性。因此，考虑到变量的数量较少，可以采用穷举法实现聚类结果最优组合的挖掘。组合聚类的方式可分为 BVP+SC、BVP+RESP 和 SC+RESP 3 种。表 4-5 所示为 3 种组合聚类方式的最终聚类中心。

表 4-5　3 种组合特征向量的最终聚类中心

驾驶行为险态	聚类中心	BVP+SC	BVP+RESP	SC+RESP
可忽略状态	a_1	25.68	24.67	8.82
		8.98	35.20	35.30
可容忍状态	a_2	32.25	31.35	15.39
		15.99	35.72	35.66
不可容忍状态	a_3	42.39	41.81	20.82
		20.61	35.22	35.40

根据表 4-5 所示的聚类中心，采用欧式距离法计算并确定分别使用 3 个特征组合后所有样本所属的类别。通过对比分析样本的识别结果和实际结果，得到 3 个组合对于不同驾驶行为险态识别的准确率，如表 4-6 所示。

表 4-6　3 种组合聚类的识别准确率

识别正确项	BVP+SC	BVP+RESP	SC+RESP
样本总数	425	425	425
可忽略状态	186	200	181
可容忍状态	166	143	156
不可容忍状态	73	82	88
总识别率/%	96	83.52	84.24
可忽略状态识别率/%	97.33	73.66	90.86
可容忍状态识别率/%	98.16	92.63	79.75
不可容忍状态识别率/%	88.16	88.16	77.63

图 4-11 所示为 3 个组合向量分别对 425 个样本进行 K-means 聚类的结果。

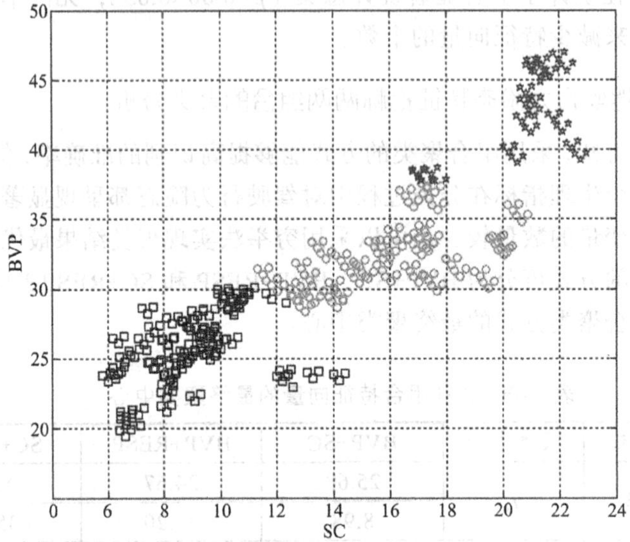

（a）BVP+SC

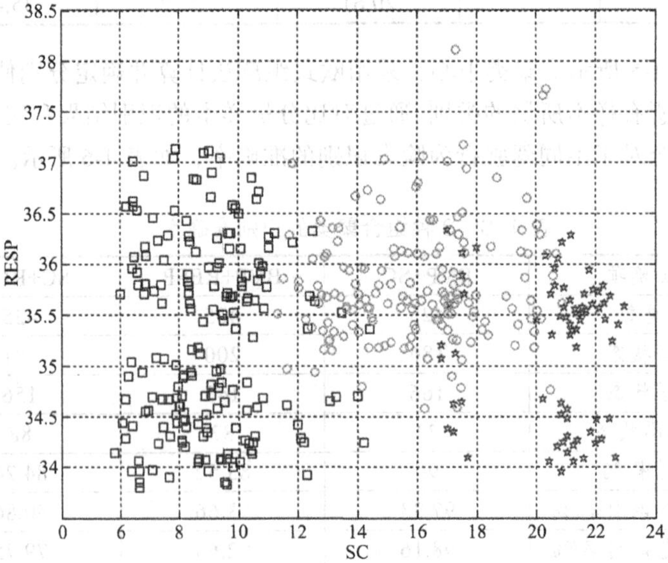

（b）SC+RESP

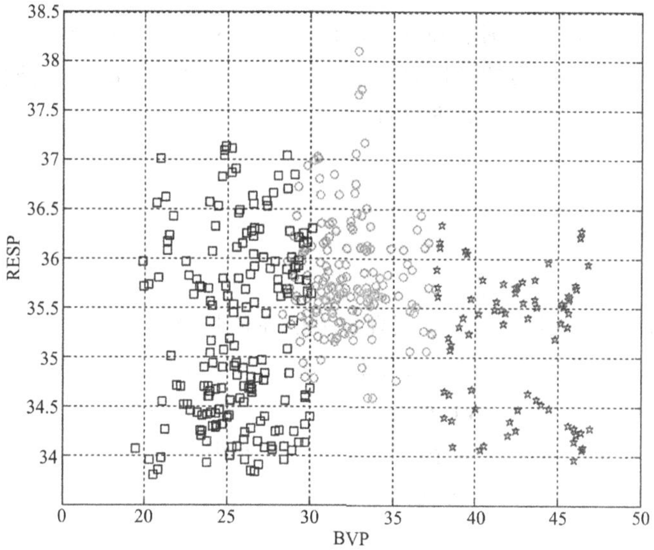

（c）BVP+RESP

图 4-11　3 个组合向量对 425 样本聚类的结果

由图 4-11（a）可知，当采用 BVP 和 SC 进行组合聚类时其分类效果较好，且三个不同类别之间的界限较为明显。而相比之下，SC 和 RESP[见如图 4-11（b）]、BVP 和 RESP[见图 4-11（c）]这两个组合的分类效果则不够理想，尤其是 SC 和 RESP 组合的分类界限更为模糊。从图 4-12 可知，采用 BVP 和 SC 组合进行聚类得到的结果的识别准确率相较于其他两两组合和全部特征组合都具有显著的优越性，其总识别准确率达到 96%，对可忽略、可容忍

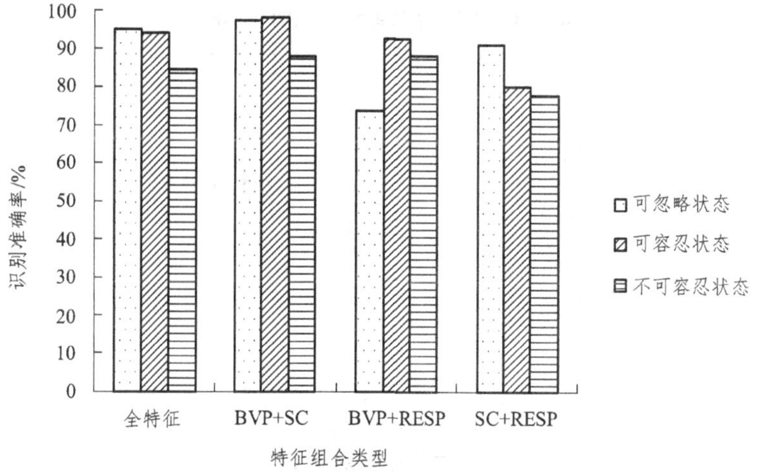

图 4-12　不同特征组合识别的准确率

和不可容忍三种状态的识别准确率分别达到 97.33%、98.16%和 88.16%。由此可见，以 BVP 和 SC 为特征向量，采用 K-means 聚类方法对驾驶行为险态进行辨识具有较好的可行性和准确性。

4.4 驾驶行为险态辨识因子特性分析

由 K-均值聚类结果可知，采用驾驶人的血流量脉冲（BVP）和皮肤电导（SC）这两个特征指标能够实现对驾驶行为险态的分级。为了更加准确地探讨不同险态等级下驾驶人 BVP 和 SC 的变化规律，采用箱线图（如图）绘制两个特征指标在不同险态等级下的分布图，进而识别数据集中的异常值。其识别结果如图 4-13 和图 4-14 所示。

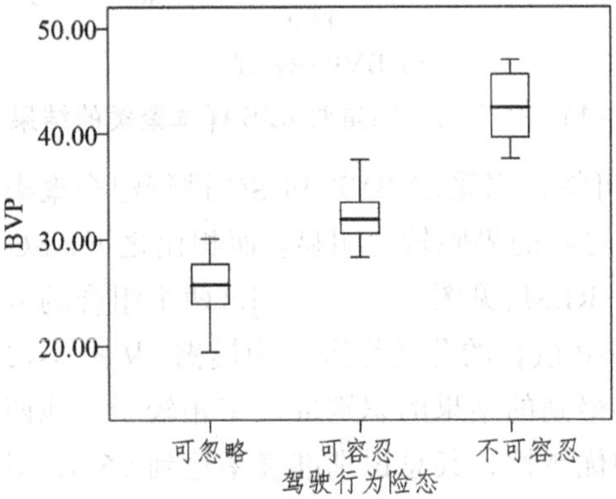

图 4-13　不同险态等级下 BVP 分布

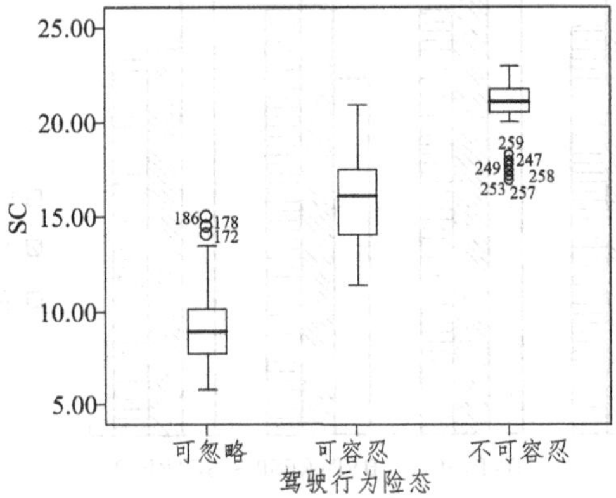

图 4-14　不同险态等级下 SC 分布

（注：图中“o”表示为温和异常值，“*”表示为极端异常值）

从图 4-13 中可以看出，随着驾驶行为险态等级的提高，驾驶人 BVP 的平均值也逐渐增加，且没有出现异常值。而箱线图 4-14 显示，统计过程中，可忽略等级下的第 172、178、186 号场景的 SC 值为温和异常值，而不可容忍等级下的第 239、247、249、253、257、258 号场景的 SC 值也为温和异常值。考虑到异常值数量较少，为了规避由于异常值而导致的统计结果偏差，对不同驾驶行为险态等级下 BVP、SC 值的变化特性进行分析前，应先将出现异常的 9 组场景进行删除处理。通过采用 SPSS 软件进行分析求解得到驾驶人 BVP、SC 在不同驾驶行为险态等级下的变化特性，如表 4-7 所示。

表 4–7　不同驾驶行为等级下生理变化特性

等级	可忽略		可容忍		不可容忍	
特征指标	BVP	SC	BVP	SC	BVP	SC
平均值	25.71	8.90	32.25	15.99	42.63	20.83
标准差	2.60	1.66	2.16	2.40	2.92	1.53
最小值	19.46	5.82	28.34	11.31	37.67	
最大值	30.09	13.46	37.57	20.88	46.95	22.97
两极差	10.63	7.64	9.23	9.57	9.28	5.94
偏度	−0.30	0.33	0.59	0.10	−0.17	−1.34
峰度	−0.58	−0.26	−0.23	−0.83	−1.31	0.98

研究结果表明：当驾驶人处于不可容忍的危险等级时，其生理参数 BVP 和 SC 的平均值、最小值、最大值和两极差都处于最高水平。在同一驾驶行为险态等级下，不同驾驶人在不同交通场景下的 BVP 和 SC 值具有一定的差异性，但是总体而言分布还是比较集中的。

对不同驾驶行为险态等级下驾驶人的 BVP 和 SC 值进行差异性分析，得到如表 4-8 所示的显著差异性统计，单因素方差分析结果表明：BVP 和 SC 两个指标在不同驾驶行为险态等级下差异性显著（$p=0.00<0.05$），即采用这两个指标能够对驾驶行为险态进行分级。

表 4-8 单因素方差分析结果

		平方和	df	均方	F	显著性
BVP	组间	14 706.99	2	7 353.49	1 180.37	0.00
	组内	2 585.37	414	6.23		
	总数	17 292.36	416			
SC	组内	8 593.08	2	4 296.54	1 105.60	0.00
	组间	1 612.76	414	3.89		
	总数	10 205.85	416			

4.5 分析与讨论

在驾驶行为险态事件标定方面：驾驶行为险态的产生是一个过程事件，而非一个点事件，所以单纯地对某一时间点驾驶行为特征进行分析，往往效果不佳。本研究中提出采用时间窗长度理论将险态事件定义为过程事件，并通过细化标定最终得出以 3 s 为标准的时间长度，能够基本表征驾驶行为险态发生事件的完整过程，这一发现也与正常人的认知反应和处理反应时间基本相吻合。

在驾驶行为险态事件定义方面：本研究结合工业系统中险态事件的定义，同时融入交通工程中交通事件的界定，在此基础上，充分考虑到实际实验中交通事故获取的难度和事件的危害程度等方面因素，并结合 JTT 916—2014《道路运输驾驶员　特殊环境与情境下安全驾驶技能培训与评价方法》对交通事件的驾驶行为险态等级进行了重新定义和划分。三级划分模式有利于实际驾驶和模拟实验过程中的事件分类与筛选，进而为先进的辅助驾驶系统提供决策辅助支持。

在驾驶行为险态的辨识方面：驾驶人生理心理状态对其驾驶行为具有直接影响，并直接作用于驾驶行为险态交通事件，所以通过观测驾驶人生理指标的变化来实现对驾驶行为险态的判定在理论上是可行的。而国内外大多数学者目前都倾向于采用驾驶人的血流量脉冲（BVP）、呼吸率（RESP）、皮肤电导（SC）及脑电波（EEG）等指标对疲劳、分神、驾驶压力、攻击性驾驶等危险驾驶行为状态进行判断分析。考虑到实际操作的可行性及设备采集的敏感性，脑电波数据受外界环境的干扰太大，并且一些细小的驾驶人动作都会引起脑电波的剧烈变化。所以，本研究最终采用血流量脉冲（BVP）、呼吸率（RESP）、皮肤电导（SC）3 个指标进行研究。结果表明，BVP 值和 SC 值与驾驶行为险态等级之间存在显著正相关，RESP 值与驾驶行为险态间存在一定相关性，但是规律性不强。此外，通过不同特征组合下驾驶行为险态辨识的聚类结果分析可以发现，采用 BVP 和 SC 两个指标进行驾驶行为险态辨识具有一定的说服力。

在驾驶行为险态辨识实验设计与开展方面：本研究采用驾驶模拟器进行仿真实验并完成数据的采集，因为驾驶人生理指标具有不稳定性及易受周边环境的影响，同时模拟实验的场景设置相较于实车实验更易于控制。在对生理指标数据进行处理后发现，实验所采集的生理指标数据处于正常的区间范围内，存在的奇异值较少。此外，通过对比分析发现，在模拟驾驶实验中驾驶人的 BVP、SC 和 RESP 等指标值与实际驾驶过程中的值存在一致性，即表明采用模拟实验进行驾驶行为险态辨识结果具有一定的可行性。

5 人机共驾智能车辆模式决策属性挖掘方法

本章首先分析属性选择方法对人机共驾智能车系统驾驶模式决策的作用，综合考虑属性选择的效率和准确率两方面因素，分别提出和实现两种改进的属性选择方法，最后利用实车实验数据对所提出算法的有效性进行验证，并得出人机共驾智能车系统驾驶模式决策最优特征集。另外，采用 FARS（死亡事故报告系统）中的数据集进一步对所提出算法的性能进行综合测试。

5.1 引 言

5.1.1 属性选择在驾驶模式决策中的作用

人机共驾智能车系统驾驶模式决策是一个复杂的多源信息融合问题。现有人机共驾智能车系统可采集多维车辆运动特征，如车道偏离预警系统可采集车道偏离距离、车头时距、当前车道信息等，而车载 CAN 系统、GPS 和惯性导航系统则可采集车速、倾斜角、俯仰角、经度、纬度、X 轴加速度、Y 轴加速度、Z 轴加速度等多源信息。考虑到人机共驾智能车系统的研究还处于探索阶段，驾驶模式决策的关联性特征还没有形成统一的认知，研究中一般都尽可能地采集较为完备的驾驶模式决策影响因子的属性数据集。但是多传感器采集的车辆运动特征信息并不是都能对驾驶模式决策产生贡献，部分冗余或者无关的特征反而会影响驾驶模式的正确决策。

本研究利用一个例子（见图 5-1）对属性选择在人机共驾智能车系统驾驶模式决策中的作用进行阐述。图 5-1（a）所示为人机共驾智能车系统数据采集系统获取多源传感信息后，直接导入决策算法进行驾驶模式选择。最终不仅算法的错误率提高，而且算法的执行速度也大大降低。究其原因是采用多传感器进行特征信息采集容易导致特征的冗余、特征不相关等情况出现。

而图 5-1（b）所示则是原始属性经过属性选择之后，再进行驾驶模式决策，最终其决策结果不仅正确率较高，而且决策算法的执行效率也大大提高。因为通过采用属性选择后，无关或者冗余的属性将被删除，这大大降低了算法计算的时间和复杂度，并且通过删除无关属性避免了机器学习过程中导致的识别偏差。因此，属性选择是进行人机共驾智能车系统驾驶模式准确决策的重要前提和关键环节。

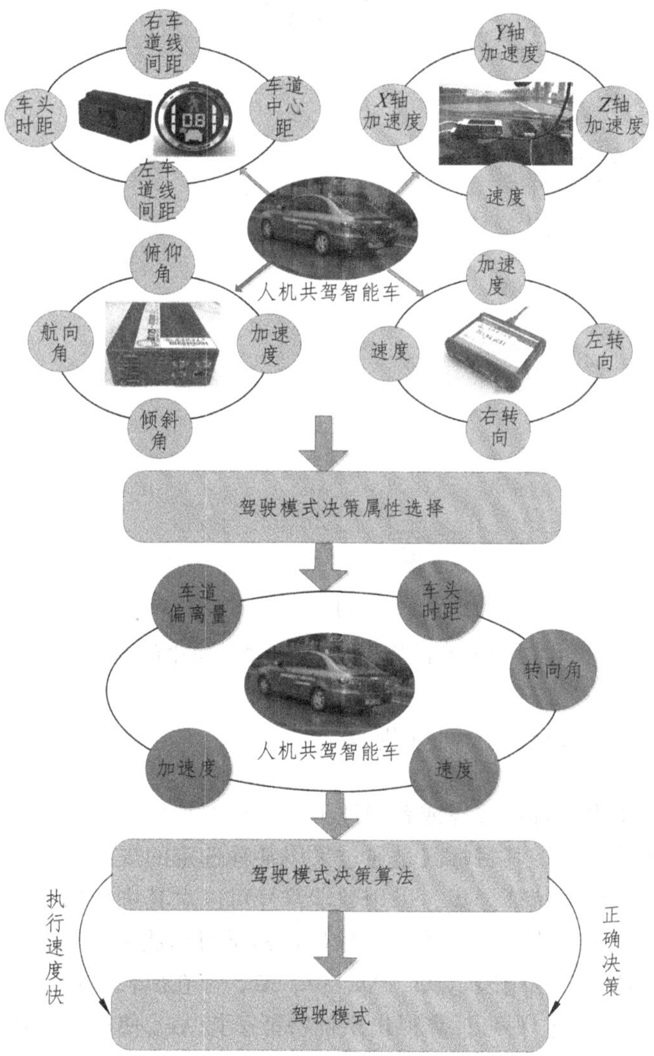

（a）

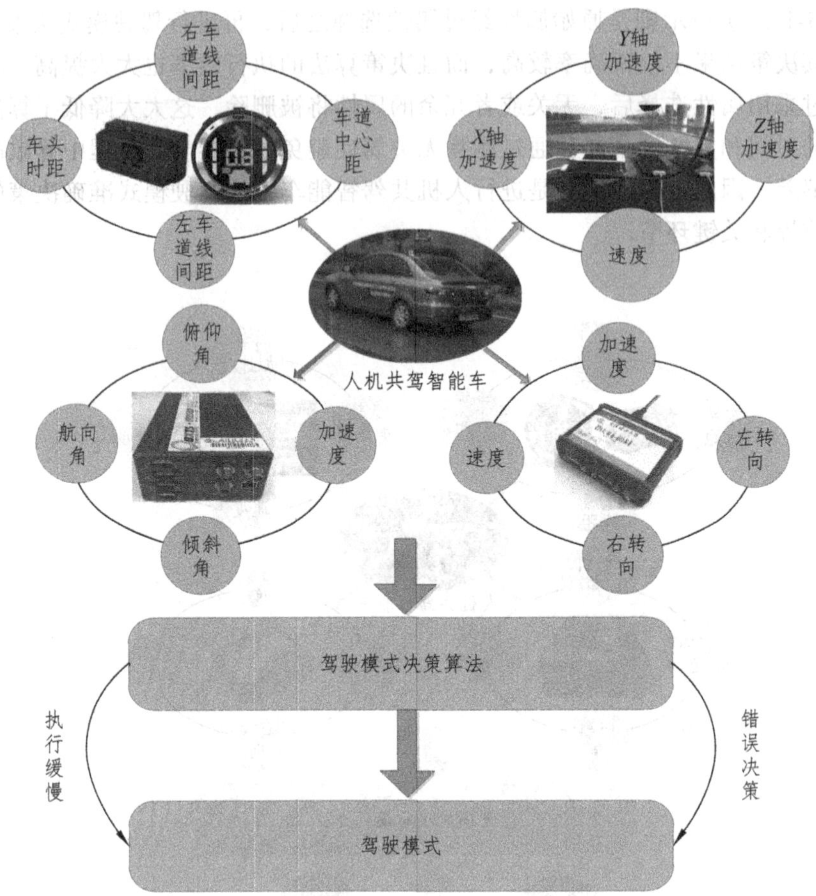

（b）

图 5–1　属性选择算法在驾驶模式决策中的作用

5.1.2　属性选择方法研究现状

属性选择（也称特征选择或者特征子集选择）是模式识别和人工智能领域内非常经典的问题，其目标就是通过采用某种选定的规则或评价指标获取最优或者局部最优的特征子集，采用数学符号可以对其进行如下定义[75]：

给定数据集 $\boldsymbol{U}$ 及其属性集合 $\boldsymbol{X}$，给出机器学习算法 $\boldsymbol{L}$，其中属性集合中包含 n 个子属性，分别用表示 $\boldsymbol{X}_1$，$\boldsymbol{X}_2$，…，$\boldsymbol{X}_n$，存在属性标记 Y，以及符合某分布 D 的样本空间，则可计算得出最优特征子集 $\boldsymbol{X}_{\text{best}}$ 使得某一选定评价规则 $J=J(L,U)$ 达到最优或者局部最优。

根据属性选择的定义及目标，Dash 等人提出了属性选择的基本框架，其框架组成如图 5-2 所示[76]。

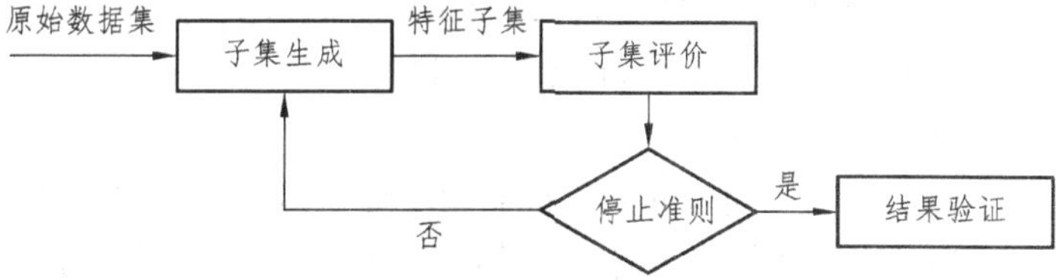

图 5-2　属性选择的基本框架

由图 5-2 可知，属性选择方法主要包括四个部分：候选属性子集的生成、属性评价规则、停止准则和结果验证方法。而目前研究主要集中于候选属性子集的生成（即搜索策略）及评价规则两方面。常用的搜索策略包括穷举式搜索[77]、不确定性搜索[78]、启发式搜索[79]等，这几种搜索方法的优缺点较为明显，不同搜索方法适用的数据集也很明确。当原始数据集中包含特征数较少时，采用穷举式搜索较为合理；如果希望计算速度快，则采用启发式策略更为恰当；若希望获取高性能的属性子集，且对时间成本要求不高，则可采用不确定性搜索策略。在评价准则方面，研究者们根据是否独立于后续的学习算法将属性选择方法分为封装式（Wrapper）[80]和过滤式（Filter）[81]。其中，Wrapper 方法在进行属性选择时需结合具体机器学习方法的特点，通过采用选取的归纳算法结合重复统计抽样技术（如十折交叉验证），实现对特征子集准确性的评价。其优点是准确性高，但是属性选择速度慢，容易丧失数据的一般特性。Filter 方法则可独立于机器学习方法对数据进行分析处理，一般直接利用数据的统计性能对属性进行评估。其优点是速度快，能够直接得出最优或者局部最优属性子集。

人机共驾智能车系统驾驶模式决策属性选择的研究重点是希望能够通过采用属性选择方法获取高性能的最优特征集。基于此，本研究分别从搜索策略评估准则的特点着手，尝试得出最优的决策属性选择算法。

5.1.2.1　搜索策略

属性选择中的搜索策略主要包括穷举式搜索、启发式搜索和不确定搜索（即随机搜索），这些搜索策略的特点如下：

（1）穷举式搜索（Exhaustion）。

穷举式搜索也称完全搜索，是一种通过遍历属性空间中所有属性的组合，进而得出最优属性组合的搜索方法。当属性数量为 N 时，其计算复杂

度为 $O(2^N)$。

该方法的优点是经计算后一定能够得到最优的属性子集。但是其缺点同样明显，由于计算需遍历所有属性组合，当属性空间过大时，其计算复杂度较大和耗费时间太长，导致其在实际应用中可用性不强。

（2）启发式搜索（Heuristic）。

启发式搜索主要是利用期望的人工机器调度规则，通过重复迭代的方式产生递增的属性子集。当属性数量为时，其计算复杂度一般小于或等于 $O(2^N)$。该算法的优点是简单快捷，但由于该算法是以牺牲全局最优为代价，所以无法保证搜索结果为最优。

（3）不确定搜索（Random）。

不确定搜索也称随机搜索，即随机生成属性子集。其属性子集生成方法包括概率随机方法和完全随机方法两种。无论是概率随机方法还是完全随机方法，其计算复杂度一般远远小于 $O(2^N)$。该算法的优点是搜索时间短，实用性较高。缺点是在搜索过程中，需要人为进行一些参数的设定，这导致其搜索结果存在较大的不确定性。

近年来，随着数据挖掘技术的飞速发展，属性选择策略方面的研究也得到了长足的发展，现有的搜索算法及其分类如图 5-3 所示。

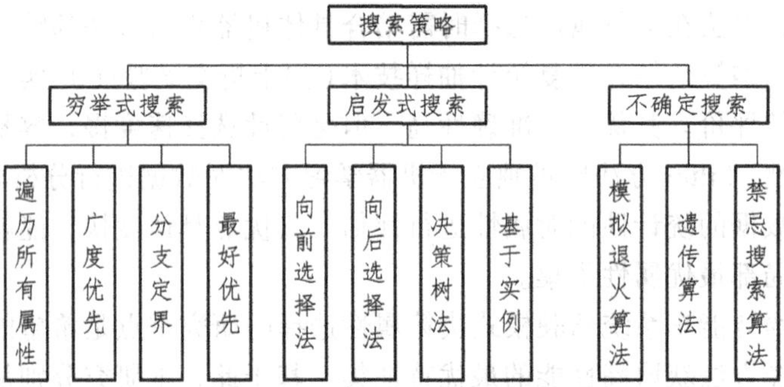

图 5-3 现有搜索算法

5.1.2.2 评价准则研究现状

Filter 属性选择方法通常采用评价准则来增强属性与分类目标间的相关性，同时削弱属性之间的关联性。目前常用的评价准则函数包括 4 类：距离测度、信息测度、相关性测度以及一致性测度。

（1）距离测度。

距离测度是一种根据样本之间相似度来进行属性选择的方法，属性间的距离越小表示越相似，距离越大则表示属性间可分性越大。距离测度包括欧式距离、切比雪夫距离、马氏距离、平方距离和标准化欧式距离等，其中欧式距离应用最为广泛，其定义为：对于任意特征，它与其他特征间的欧式距离为它们间的方差，其计算式：

$$d_{\mathrm{E}}(x_i, y_i) = \sqrt{\sum_i (x_i - y_i)^2} \tag{5-1}$$

（2）信息测度。

信息测度是以后验概率分布的集中程度为度量的一种评价方法，考虑到采用具有最小不确定性属性对分类效果最为有利，一般采用信息熵作为其评价测度。假设存在属性集合 $\boldsymbol{Y} = \{y_1, y_2, \cdots, y_m\}$，其中 y_i 被选中的概率为 P_i，那么属性集的信息熵的计算公式：

$$H(\boldsymbol{Y}) = -\sum_{i=1}^{m} P_i \log_2 p_i \tag{5-2}$$

式中，$H(\boldsymbol{Y})$ 值越小，表示 $\boldsymbol{Y}$ 中的属性分布越集中，反之则越分散。

（3）相关性测度。

相关性测度是一种利用属性间、属性与分类目标之间相关度来进行属性评估的方法，最优属性集或者局部最优属性集中属性间一般为不相关，而属性与分类目标为高度相关。最常用的相关性评价方法为 Pearson 相关系数法，其定义描述为：存在任意两个变量 X 和 Y，这两个变量间的皮尔逊相关系数可通过（4-3）进行计算：

$$\rho_{X,Y} = \frac{E(XY) - E(X)E(Y)}{\sqrt{E(X^2) - E^2(X)}\sqrt{E(Y^2) - E^2(Y)}} \tag{5-3}$$

式中，E 表示数学期望。

（4）一致性测度。

假设 x 和 y 为数据集 $\boldsymbol{D}$ 中的两个样本，如果它们的特征值都相同，但所归属的类别却不一样，则可认为它们之间的关系是不一致的。一致性测度一般用不一致率进行度量。为得到数据集 $\boldsymbol{D}$ 的不一致率，可先进行如下定义：将数据集 $\boldsymbol{D}$ 分割成 $\boldsymbol{FD} = \{\boldsymbol{D}_1, \boldsymbol{D}_2, \cdots, \boldsymbol{D}_j\}$（$j$ 为属性集合中所有可能的取值），其中 $\boldsymbol{D}_i$ 对于任意 $x, y \in \boldsymbol{D}_i$ 存在 x 和 y 条件属性的取值均一致；对 $\boldsymbol{FD}$ 中任意 $\boldsymbol{D}_i$ 和 $\boldsymbol{D}_k$（$i \neq k$），不存在 $x \in \boldsymbol{D}_i$ 和 $y \in \boldsymbol{D}_k$，使得 x 和 y 条件属性的取值相同。在对 $\boldsymbol{FD}$ 中的每一个变量 $\boldsymbol{D}_i$ 做类似的分割，则 $\boldsymbol{D}_i$ 被分割成 $\boldsymbol{FD}_i = \{\boldsymbol{D}_{i1}, \boldsymbol{D}_{i2}, \cdots, \boldsymbol{D}_{in}\}$（$n$ 为决策属性中所有可能的取值）；其中 $\boldsymbol{D}_{ii}$ 表示对任意 $x_i, y_i \in \boldsymbol{D}_{ii}$，$x$ 和 y 决

策属性的取值相同；对 FD_i 中任意 D_{ii} 和 D_{ik}（$i \neq k$），不存在 $x \in D_i$ 和 $y \in D_k$，使得 x 和 y 决策属性的取值相同。数据集 D 的不一致率 U 为：

$$U = \frac{\sum_{i=1}^{j} |D_i| - \max(|D_{i1}|, |D_{i2}|, \cdots, |D_{in}|)}{|D|} \tag{5-4}$$

该方法受训练数据集的影响较大，且在评价过程中需要设定一些参数。

（5）分类错误率。

Wrapper 属性选择方法采用的评价标准为分类器的错误率，其特点是将属性选择算法作为机器学习算法的一部分，以分类性能为属性重要度排序的评价标准，其目标就是期望取得较高的分类性能。由于该方法对样本量及属性维度较小的数据集的效果较为理想，目前在交通领域内也出现了较多的相关研究。Chang 等人提出采用分类回归树（CART）模型对交通事故严重程度的影响因素进行了分析[82]。De Oña 等人采用贝叶斯网络方法对山区高速公路的事故严重程度的诱因进行了分析，并基于该方法提取了其主要影响特征[83]。Michalaki 等人采用 Logistic 回归方法构建高速公路交通事故严重性预测模型，并基于分析结果得出影响事故发生的属性集[84]。另外典型的分类模型还包括朴素贝叶斯（NB）、决策树（C4.5）、支持向量机（SVM）等[85]。

根据不同评价函数的定义和计算方法，分别对其在泛化能力、时间复杂性和分类精度等性能指标方面的优缺点进行总结，如表 5-1 所示[86]。

表 5-1　评价函数性能指标

评价函数	泛化能力	时间复杂性	分类精度
距离测度	好	低	—
信息测度	好	低	—
相关性测度	好	低	—
一致性测度	好	中	—
分类错误率	差	高	高

5.2　基于改进马尔科夫毯(MB-NEW)的属性选择方法(Filter)

作为一种典型的 Filter 属性选择方法，马尔科夫毯（Markov Blanket）方法的优势是能够对多维高样本量的数据进行属性提取，通过消除和约减冗余变量的方法进行属性选择，其评价函数是属性与目标属性之间的相关性测度[87]。

1996 年，Koller 等人率先提出将马尔科夫毯方法引入工程应用领域，并很快在该领域得到了广泛的应用。其定义为：假设存在一个数据集 $\boldsymbol{V}$，其目标变量为 T，则目标变量 T 的马尔科夫毯可以定义为 $MB(T)$（数学表述见定义 1）。其中 $MB(T)$ 为目标变量 T 的最优属性集，$MB(T)$ 中所有的子属性 f_i 与目标变量之间的关系都是独立的（独立性判断见定义 2）。由此可知，根据 $MB(T)$ 中变量状态即足以确定目标变量 T 的概率分布，而不需要利用所有属性进行选择预测。更重要的是，在一定条件下（满足贝叶斯网络的忠实性条件见定义 3），$MB(T)$ 在贝叶斯网络（见图 5-4，其中阴影部分为目标变量 T 的马尔科夫毯）中是一个包含目标变量 T 的父节点、子节点以及子节点的父节点的属性集合[88]。

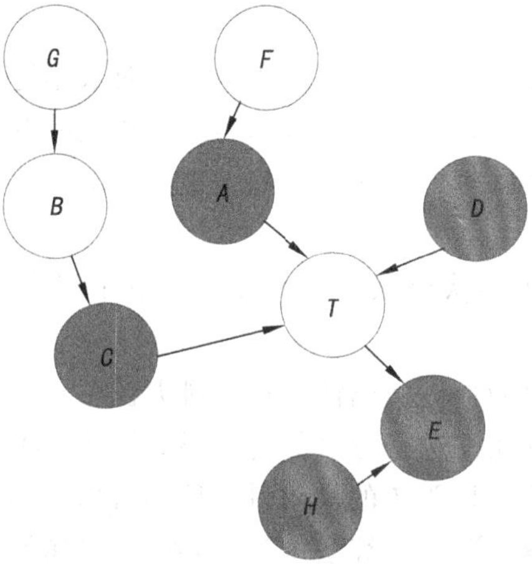

图 5-4　贝叶斯网络中的马尔科夫毯（示例）

定义 1（马尔科夫毯）：假设存在目标属性 $T \in \boldsymbol{V}$，则目标变量 T 的马尔科夫毯为 $MB(T)$，$MB(T)$ 应满足：

$$(T \perp V - MB(T) - T \mid MB(T)),\ T \notin MB(T) \tag{5-5}$$

式中，$\boldsymbol{V}$ 为属性全集；标志“⊥”表示独立性。

定义 2（条件独立性）：给定一个目标属性 f_i，假设属性子集 $\boldsymbol{M}_i \subset \boldsymbol{F}(f_i \notin M_i)$，我们称 $\boldsymbol{M}_i$ 是 f_i 的马尔科夫毯，当且仅当在给定 $\boldsymbol{M}_i$ 的条件下 f_i 与 $\boldsymbol{F} - \boldsymbol{M}_i - \{f_i\}$ 是独立的，则有：

$$P(F - M_i - \{f_i\} \mid f_i, M_i) = P(F - M_i - \{f_i\} \mid M_i) \tag{5-6}$$

推论 1：假设属性子集 $\boldsymbol{M}_i$ 是属性 f_i 的马尔科夫毯，那么在给定 $\boldsymbol{M}_i$ 的条

件下，f_i 与类 C 之间的关系也是独立的：

$$P(C \mid f_i, M_i) = P(C \mid M_i) \tag{5-7}$$

由定义 2 和推论 1 可知，所选择的马尔科夫毯必然不包含无关属性，当一个属性完全依赖于另一属性时，可以将该属性看作是另一个属性的冗余，进而实现对冗余属性的删减。

定义 3（忠实性，faithfulness）：存在无环图 G（见图 5-4）忠诚于变量集合 $\boldsymbol{T}$ 的联合概率分布 P，当且仅当 P 的每个独立分布都是由无环图 G 及其马尔科夫条件所决定。一个分布 P 是忠诚的当且仅当存在这样一个有向无环图 G，且 G 忠诚于 P。在忠实性贝叶斯网络中，任意变量的马尔科夫毯都是唯一存在的。

根据马尔科夫毯的定义及其特点可得出，其实现流程可以分为以下 5 个步骤：

（1）输入各个属性和类属性的样本数据，并对数据进行归一化处理；

（2）采用启发式搜索方法寻找与目标类属性相关的变量；

（3）利用独立性条件对错误或无关节点进行去除，获取目标类属性的父子节点集合；

（4）根据条件依赖性从获取集合的父子节点中得出目标类属性的配偶节点；

（5）输出最终得出的目标类属性的马尔科夫毯。

基于马尔科夫毯的属性选择方法的伪代码如算法 5-1 所示。算法中以属性子集 $\boldsymbol{F}$ 和类 T 为输入，以类 T 的马尔科夫毯 $MB(T)$ 作为算法的输出。其中算法主要包括两个步骤：第一步（算法中第 2 ~ 6 行）将属性节点添加到 $MB(T)$ 中，该步骤中采用的搜索算法是启发式搜索（算法中第 3 行），在这一过程中，其中可能存在部分不属于 $MB(T)$ 的属性节点也同样会被添加到 $MB(T)$ 中，而这些无关的节点将通过第二步（算法中第 7 ~ 9 行）进行删除[89]。

在该算法中，数学符号“$\not\perp$”表示“不独立于”，“$\perp$”表示“独立于”，“|”表示“在满足某条件下”，“*dep*”表示“满足独立性条件”。

算法 5-1：基于马尔科夫毯的属性选择算法（MB）。

输入：数据集 D，属性子集 F，类 T。

输出：类 T 的马尔科夫毯 MB（T）。

/*将属性添加到马尔科夫毯 MB（T）中/

1. 初始化 $MB(T) = \varnothing$

2. 重复

3. $Y = \arg:\max_{F\in(U\backslash MB(T)\backslash\{T\})} dep(T,F \mid MB(T))$

4. If $T \perp Y \mid MB(T)$ then

5. $MB(T) = MB(T) \cup \{Y\}$

6. Until MB（T）不再发生变化

/* 删除错误或不相关的属性/

7. For each $F \in MB(T)$ do

8. If $T \perp F \mid (MB(T) \backslash \{F\}$ then

9. $MB(T) = MB(T) \backslash \{F\}$

10. 返回 MB(T)

在马尔科夫毯算法中，属性与类之间的独立性主要依靠两变量之间的互信息决定的。其中互信息的定义如下：

在随机变量Y的取值条件确定的条件下，随机变量X的条件熵$H(X \mid Y)$小于或者等于变量X的无条件熵$H(X)$其计算公式：

$$H(X) = -\sum_i P(x_i)\log_2(P(x_i)) \tag{5-8}$$

当Y已知时，X的不确定度减少量为$H(X)-H(X \mid Y)$，该差值即为随机变量X和Y之间的互信息$I(X;Y)$，其计算方法：

$$\begin{aligned}
I(X;Y) &= H(X) - H(X \mid Y) \\
&= -\sum_{i=1}^{n} p(x_i)\log_2 p(x_i) - (\sum_{j=1}^{m}\sum_{i=1}^{n} p(x_i,y_j)\log_2 p(x_i \mid y_i)) \\
&= \sum_{i=1}^{n} p(x_i)\log_2 \frac{1}{p(x_i)} - \sum_{j=1}^{m}\sum_{i=1}^{n} p(x_i,y_j)\log_2 \frac{1}{p(x_i \mid y_j)} \\
&= \sum_{j=1}^{m}\sum_{i=1}^{n} p(x_i,y_j)\log_2 \frac{p(x_i \mid y_i)}{p(x_i)p(y_i)} \\
&= \sum_{j=1}^{n} p(y_j)\log_2 \frac{1}{p(y_j)} - \sum_{j=1}^{m}\sum_{i=1}^{n} p(x_i,y_j)\log_2 \frac{1}{p(y_j \mid x_i)} \\
&= H(Y) - H(Y \mid X) \\
&= I(Y;X)
\end{aligned} \tag{5-9}$$

式中，x_i为属性集合中的某一属性，其对应的概率分布为$p(x_i)$；y_i为目标类属性集合中的某一属性，其对应的概率分布为$p(y_i)$。

由式 5-9 可知，互信息$I(X;Y)$与$I(X;Y)$是相等的，且都满足关系式$0 \leqslant I(X;Y) = I(Y;X) \leqslant \min(H(X),H(Y))$，当变量$X$与$Y$之间统计独立时有$I(X;Y)=0$。在马尔科夫毯算法中，类的值一般都是已知的，通过计算属性与类之间的独立性即可确定类的马尔科夫毯。

相关研究表明，采用马尔科夫毯属性选择方法能够去掉数据集中的无关和冗余属性，并最终得到一个最优的属性子集。采用马尔科夫毯属性选择方法需对所有属性子空间进行搜索，其计算复杂性很高，时间复杂性达到 $O(2^n)$，当属性维数较高或者样本数量过大时，计算其马尔科夫毯几乎是无法实现的。因此，本研究中拟引入最大条件互信息（CMIM）和边界阈值 ε 分别从属性冗余性和计算收敛速度两方面对马尔科夫毯方法进行改进和提高。

在广义信息论中，条件互信息的作用就是用来表明在某个随机变量的数值条件已知的条件，其余随机变量之间存在的相互关系。由此可得出其定义为：当随机变量 T 的一个值 t 已知时，随机变量 X 和 Y 之间的互信息可由式（5-10）计算得出。

$$\begin{aligned}
I(X;Y\mid t) &= H(X\mid t)-H(X\mid Y,t)\\
&=-\sum_{i=1}^{n}p(x_i,t)\log_2 p(x_i\mid t)-\left(\sum_{j=1}^{m}\sum_{i=1}^{n}p(x_i,y_j,t)\log_2 p(x_i\mid y_j,t)\right)\\
&=\sum_{i=1}^{n}p(x_i,t)\log_2\frac{1}{p(x_i\mid t)}-\sum_{j=1}^{m}\sum_{i=1}^{n}p(x_i,y_j,t)\log_2\frac{1}{p(x_i\mid y_j,t)}\\
&=\sum_{j=1}^{m}\sum_{i=1}^{n}p(x_i,y_j,t)\log_2\frac{p(x_i,y_j\mid t)}{p(x_i\mid t)p(y_j\mid t)}\\
&=\sum_{j=1}^{n}p(y_j\mid t)\log_2\frac{1}{p(y_i\mid t)}-\sum_{i=1}^{m}\sum_{j=1}^{n}p(x_i,y_j,t)\log_2\frac{1}{p(y_j\mid x_i,t)}\\
&=H(Y\mid t)-H(Y\mid X,t)\\
&=I(Y;X\mid z)
\end{aligned}\tag{5-10}$$

另外，根据条件互信息的定义及式（5-10）可得出：

$$I(X;Y\mid T)=H(X\mid T)+H(Y\mid T)-H(XY\mid T)\tag{5-11}$$

通过采用关系式（5-11）即可计算条件熵已知条件下变量之间的条件互信息。在属性选择过程中，T 为类别，X 为不包含于 $MB(T)$ 中的属性，Y 可表示为 $MB(T)$，$I(X;Y\mid T)$ 表示属性 Y 已经确定的前提下，属性 X 所包含的与类别相关的信息。此外，为了避免由于样本数量或变量维度过高导致的无法找到马尔科夫毯的现象，书中引入边界阈值 ε 进行边界设定，当条件互信息值 $I(X;T\mid MB(T))<\varepsilon$ 时，我们认为 $X\perp T\mid MB(T)$。

算法 5-2：改进的马尔科夫毯算法（MB-NEW）。

```
Input: Training dataset D(F, T)   /* F is the factor set and T is the target */
Output: MB(T)   /* Markov blanket of T */
1 Initialize:  MB(T) ← ∅
2 Repeat
3 For each  F ∈ F − MB(T)  do
4 Find F_max satisfying max_F I(F; T|mB(T))
5 If  I(F_max; T | MB(T)) > ε
6  MB(T) ← F_max
7 End
8 End
9 Until  MB(T)  does not change
10 For each  F ∈ MB(T)  do
11 If  I(F; T | MB(T) − {F}) ≤ ε
12  MB(T) ← MB(T) − {F}
13 End
14 End
```

在算法 5-2 中，改进的马尔科夫毯算法（MB-NEW）包含两个阶段：生长阶段（算法 5-2 中第 2 ~ 9 行）和收缩阶段（算法 5-2 中第 10 ~ 14 行）。生长阶段的任务是保证能够找到马尔科夫边界，并且在这个边界之外其他属性对类 T 而言都是多余的。而在收缩阶段，改进的马尔科夫毯算法通过采用条件互相关性进一步删除冗余的属性。同时，通过参考前人研究成果[90]最终将边界阈值 ε 设定为 0.01。算法中，互信息用 $I(\bullet|\bullet)$ 表示，值得注意的是，条件属性集合在每一步迭代过程中都会发生变化，直到得出最优或局部最优马尔科夫毯算法终止。

5.3 融合信息增益和多分类器的属性选择方法（Wrapper）

相关研究表明，Wrapper 属性选择方法相较于 Filter 属性选择方法能够更为有效地提高分类的准确率[91]。而目前 Wrapper 类方法进行最优属性组合选择主要是基于单分类器或者单纯基于分类器（如贝叶斯网络、决策树等）。少有研究综合采用属性重要度排序及多分类器融合的方法实现对最优属性集合的选择，考虑到信息增益在属性重要度排序中的优越性，本研究提出一种融合信息增益和多分类器的属性选择方法从分类准确率方法对人机共驾智能车驾驶模式决策因子进行选择。该方法的框架模型如图5-5所示。

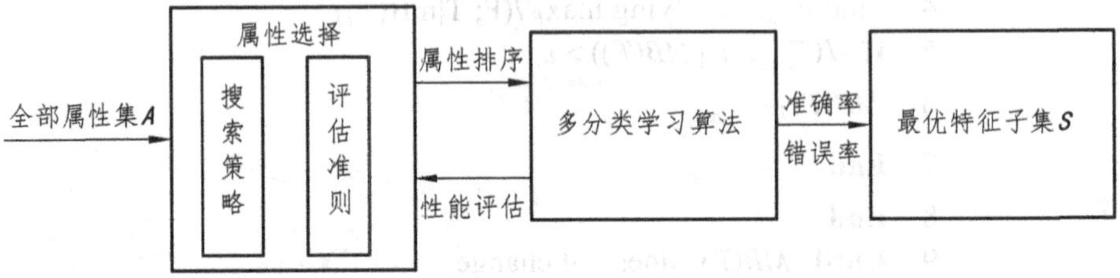

图 5-5　融合信息增益和多分类器的属性选择方法框架

采用融合信息增益和多分类器的属性选择方法旨在得到分类效果最优的属性集合，忽略算法计算复杂度和运行时间。所以选择搜索策略时优先考虑穷举式搜索方法。同时，通过将所有特征与类别之间的信息增益作为评价函数对特征的重要性进行评价。而信息增益是一个比较理想的用于评价相关性的指标，其概念是在信息熵的基础上建立的，信息熵是一种常见的用于统计离散变量不确定性的方法。假设存在离散变量 Y，其信息熵定义为

$$H(Y)=-\sum_{i}P(y_i)\log_2[P(y_i)] \tag{5-12}$$

而另一个离散变量 Y 在 X 已知的基础上的信息熵值可以计算：

$$H(Y|X)=-\sum_{i}P(y_i|x_i)\log_2[P(y_i|x_i)] \tag{5-13}$$

式中，$P(y_i)$ 是变量 Y 所有取值的先验概率；$H(Y|X)$ 是当 X 已知时 Y 的条件信息熵；$P(y_i|x_i)$ 是当变量 X 已知时 Y 的后验概率。而加入条件 X 前后 Y 信息熵的差异就是 X 与 Y 之间的信息增益。在属性排序方法中，属性特征相对于类别的信息增益可以定义为：

$$Gain(Y|x_i)=H(Y)-H(Y|x_i) \tag{5-14}$$

式中，Y 为类别属性，x_i 为特征属性。假设存在两个特征子集 x_1 和 x_2，如果存在 $Gain(Y|x_1)>Gain(Y|x_2)$，则认为选择用特征子集 x_1 的分类结果比 x_2 更好。通过循环使用这个规则，能够最终实现对所有属性按照重要性进行排序[92]。

属性排序完成后，通过采用不同的分类器对选取不同特征子集时的分类效果进行分析，最后能够得出在不同驾驶模式选择的最优决策属性集。本研究中采用朴素贝叶斯分类算法、支持向量机分类算法和K近邻分类算法这三种经典方法构建分类模型对最优决策属性进行挖掘。三类算法的特点和原理简述如下：

（1）朴素贝叶斯分类算法（NB）：作为一种最简单的概率分类器，NB具有效率高和泛化能力优越等特点，并且它也拥有确定性的结构，只需根据训练数据对参数进行估计，而无须像贝叶斯网络分类器一样必须先对其结构进行训练。其基本原理是通过某一对象的先验概率，采用贝叶斯公式计算其后验概率，选择最大后验概率的类作为该对象所属的类别。而当条件属性出现冗余或者重复时，该算法的准确率将大大降低。所以利用该算法对特征集的敏感性对属性选择结果进行评价是非常合适的[93]。

（2）支持向量机分类算法（SVM）：作为一种结构风险最小化的模式识别和分类方法，SVM具有良好的泛化能力和直观效果，在解决高维模式识别和样本非线性等方面的模式识别问题具有较大的优势。目前该方法已经广泛应用于故障诊断、图像识别和交通状态识别等领域。但当缺少对样本进行有效特征选择时，支持向量机在分类过程中往往易出现训练时间长、分类准确率低等问题。所以采用支持向量机作为属性选择性能评价方法具有一定的合理性和有效性[94]，分类中采用径向基函数作为算法的核函数。

（3）K 近邻分类算法（KNN）：作为最简单的机器学习方法之一，KNN算法的核心思想是，当一个样本在特征空间中的 k 个最相似的样本的大多数属于同一类别，则这一样本也属于该类别。特征空间中所选择的邻居都是已正确分类的对象。该方法虽然原理上也依赖于极限定理，但其分类决策值与少量邻近样本相关，而不是靠判别类域来确定所属类别。所以，对于类域重叠或者交叉较多的待分类测试集，KNN具有较好的效果[95]。

本研究中采用分类真正率（True Positive Rate）和假正率（False Positive Rate）这两项指标对不同分类器的分类效果进行评价，其计算公式

$$TPR = \frac{TP}{(TP + FN)} \tag{5-15}$$

$$FPR = \frac{FP}{(FP + TN)} \tag{5-16}$$

式中，TPR 表示真正率，即被模型预测为正的正样本比例；FPR 表示假正率，即被模型预测为正的负样本比例；TP 为正确划分为正例的个数；TN 为正确

划分为负例的个数；*FP* 为错误划分为正例的个数；*FN* 为错误被划分为负例的个数。

5.4 属性选择算法验证

5.4.1 算法实现平台

本研究中提出的改进的马尔科夫毯属性选择方法及融合信息增益和多分类器的属性选择方法都是在 Weka（全名为怀卡托智能分析环境，Waikato Environment for Knowledge Analysis）平台下进行实现的。该平台是新西兰卡托大学的研究者们于 1999 年开发的，旨在将机器学习领域的理论模型转化为实际应用。经过不断的改进和完善，目前许多经典的机器学习算法都已经内嵌至该软件中。此外，Weka 平台具有较好的兼容性，支持 C++，Java 等多种编程语言，有利于研究者们进行二次开发。平台的运行界面如图 5-6 所示。

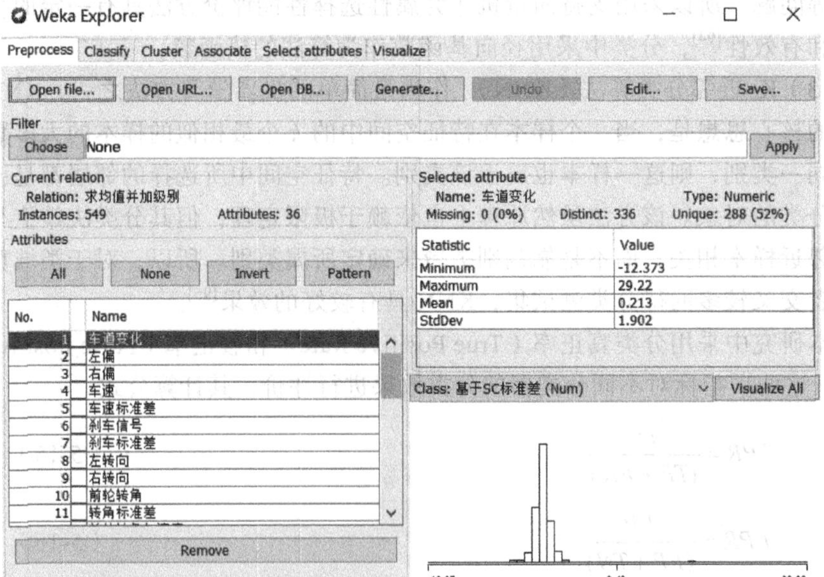

图 5-6　Weka 平台运行界面

目前，Weka 平台的主要功能和开放应用主要包括数据预处理（Preprocess）、属性选择（Select Attributes）、聚类（Cluster）、分类（Classify）和关联规则（Associate）。其中，各功能中已开放的方法如下：

（1）数据预处理方法：包括监督过滤和非监督过滤两类，主要的数据处理功能有修改数据格式、数据离散化、缺失数据补充、数据类型转化（如将 String 转化为 Nominal 型等）、实例集规范化（Normalize）。

（2）属性选择方法：主要包括属性评估方法和搜索算法两类。其中，属性评估方法包括 CfsSubsetEval（根据关联性进行评估）、ChiSquaredAttributeEval（根据卡方值进行评估）、ConsistencySubsetEval（根据一致性进行评估）、InfoGainAttributeEval（根据信息增益进行评估）、ReliefFAttributeEval（根据实例进行评估）、PrincipalComponents（主成分评估）、WrapperSubsetEval（根据一种学习模式进行评估）等。而搜索方法则包括 BestFirst（可回溯的贪婪搜索扩张）、ExhaustiveSearch（穷举搜索）、FCBFSearch（相关性匹配搜索）、RankSearch（排序搜索）、RandomSearch（随机搜索）等。

（3）分类方法：主要包括朴素贝叶斯、K2 贝叶斯网络、RBF 神经网络、ID3 决策树、KNN 和 SVM 等。

（4）聚类方法：包括 K-means 聚类、DBSCAN 聚类、CLOPE 聚类等。

（5）关联规则：包括 Apriori 算法、FilteredAssociator 算法等[93]。

本研究中提出的改进的马尔科夫毯方法通过 Java 实现并在 Weka 中生成相应的可执行文件。而融合信息增益和多分类器的属性选择方法是采用 Weka 中内嵌的信息增益（InfoGainAttributeEval）方法和多分类器（NB、KNN 和 SVM）进行融合完成的，所以本研究通过调用这些算法完成运算。

5.4.2 实验设计和数据集获取

5.4.2.1 实验路线设计

实验设计了一条贯穿武汉市武昌区、汉口区和汉阳区的路线，全程共计 53 km。实验路线如图 5-7 所示。为了尽可能获取人机共驾智能车系统不同驾驶模式下的完备数据集，选取的目标路段包括三个大型商业区、10 km 快速路、两座大桥、两个隧道等。为了增加警示辅助和自动驾驶这两种模式出现的概率，实验时段选取为 7:00 ~ 9:00 和 17:00 ~ 19:00，这两个时段分别为早高峰和晚高峰时段，车-车、车-人出现冲突的可能性大大提高。

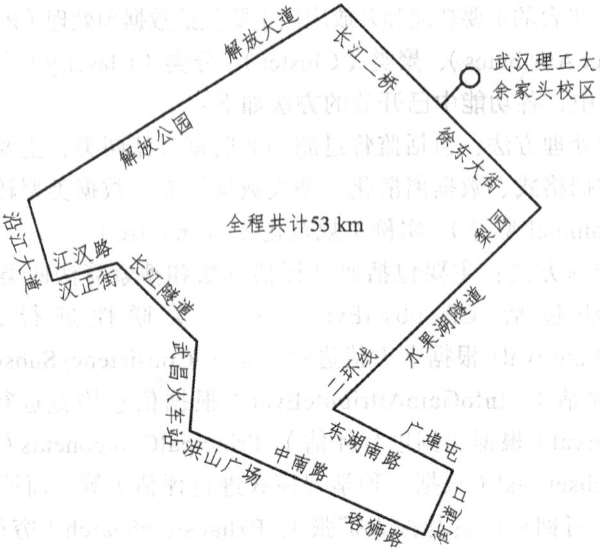

图 5-7 实车实验路线

5.4.2.2 被试选择

相关研究表明，当驾驶人实际驾驶里程超过 5 万 km 时，可以认为该驾驶人为有经验驾驶人。此外一般驾龄 3 年为有经验驾驶人和新手驾驶人的界限值[94]。为了能够显著表现驾驶经验对驾驶模式决策的影响，实验招募的被试分为熟练驾驶人和新手驾驶人两类，本书中定义驾龄大于 3 年，且驾驶里程大于 5 万 km 的驾驶人定义为熟练驾驶人，而驾龄小于 3 年，且驾驶里程小于 5 万 km 的定义为新手驾驶人。最终招募到具有 C1 及以上驾驶证的熟练驾驶人和新手驾驶人各 11 名。其中男性 18 名，女性 4 名，平均年龄 42.27 岁（年龄标准差 9.07 岁），平均驾龄 5 年（驾龄标准差为 6.06 年），平均驾驶里程 7.7 万 km（驾驶里程标准差 3.22 万 km）。

5.4.2.3 实验助理

每次实验需要两名实验助理协助完成实验，其中一名助理为数据采集者，主要负责实验过程中的数据采集及保证设备的正常运行。由于实验中涉及多种实验设备的操作，所以该助理由本课题组的工作人员担任。另外一名助理则为实验观察者，实验中该人员坐在副驾驶位置，其任务是记录驾驶人自汇报的数据及进行自我汇报，当车辆存在潜在风险时提醒驾驶人采取应急措施。考虑到安全因素，该助理由经验丰富的出租车驾驶人和驾校教练担任。

5.4.2.4 实验过程

本研究中共计开展了 22 组实车驾驶实验，其实验过程如图 5-8 所示。

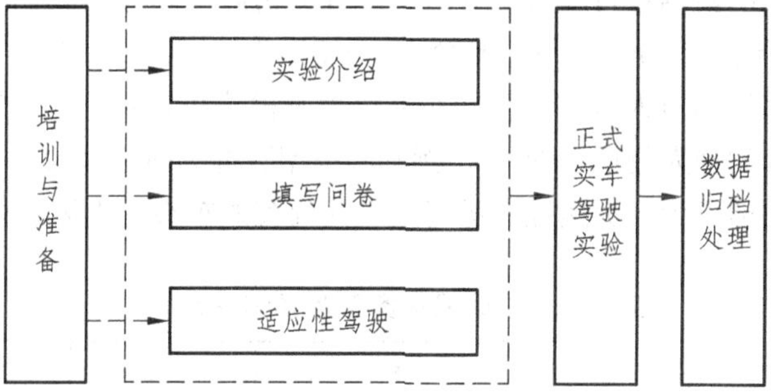

图 5-8 实车实验过程

由图 5-8 可知，该实验主要包括 4 个步骤。

（1）实验准备：登记驾驶人个体特征信息（年龄、驾龄、驾驶里程等），并向其介绍本次实验目标及要求，给被试佩戴生物反馈仪等设备。

（2）适应性驾驶：设备调试正常及实验准备完毕后，引导被试进行 15 min 的适应性驾驶，以便于被试快速熟悉驾驶操作及适应佩戴外置设备进行驾驶。

（3）正式实验：被试需按照预定路线进行实际驾驶实验，要求其每隔 5 min 对当前驾驶环境的危险性（用可忽略、可容忍、不可容忍三个词语进行形容）进行汇报。此外，当驾驶人遭遇目标交通事件[96]（如周边车辆抢行、前方车辆突然急刹车以及行人违规横穿马路等，见交通运输行业标准 JTT 916—2014《道路运输驾驶员　特殊环境与情境下安全驾驶技能培训与评价方法》）时，也需要进行汇报，负责记录的为副驾驶座的工作人员。为了最大限度采集目标交通事件，实验过程中，该工作人员认为危险的交通场景发生时也将被记录。被试须在 2 h 之内完成实验任务，且实验过程将通过 3 个摄像头进行全程记录。

（4）驾驶模式界定：实验完毕后，截取有汇报记录的所有驾驶场景视频片段，让被试对该场景下应采用的驾驶模式进行判别，驾驶模式分为 3 种：1——人工驾驶，该情况的发生对驾驶无影响，人工驾驶足以应对；2——警示辅助，该情况发生时若驾驶人未观察到将很危险，需进行警示；3——自动驾驶，在该情况下，驾驶人容易出现紧张情绪或操作失误，需通过自动切换到自动驾驶模式来规避事故的发生。采用 Observer 软件对采集的多传感器信息和视频信息进行同步显示。

5.4.3 实验结果分析

通过对采集的数据进行预处理并进行统计分析后得到共计 21 个变量（见表 5-2），其中驾驶模式为分类变量，剩余 20 个变量为传感器或者统计得出的属性变量。为了能够得出对人机共驾智能车系统驾驶模式决策具有显著性影响的属性，本研究采用助理人员记录的 300 例不同类型数据为研究对象，以驾驶人自汇报的驾驶模式结果为分类属性，进行人机共驾智能车系统决策属性挖掘。

表 5-2 数据采集类型及详细参数

ID	数据采集设备与方法	属性名称	采样率/Hz	精度
1	CAN 输出	左转向	20	—
2		右转向	20	—
3		车速	20	1 km/h
4	惯导系统 RT2500	加速度	30	0.01 m/s^2
5		航向角	30	0.2 deg
6		俯仰角	30	0.3 deg
7		倾斜角	30	0.15 deg
8	转角传感器	前轮转角	20	0.1 deg
9		前轮转角加速度	20	0.01 m/s^2
10	Mobileye C2-270	车头时距	15	0.1 s
11		车道中心距	15	0.1 m
12		左车道线间距	15	0.1 m
13		右车道线间距	15	0.1 m
14	智能手机	X 轴加速度	20	0.1 m/s^2
15		Y 轴加速度	20	0.1 m/s^2
16		Z 轴加速度	20	0.1 m/s^2
17	统计指标	车速标准差	—	—
18		加速度标准差	—	—
19		前轮转角标准差	—	—
20	问卷调查	驾驶人经验	—	—
21	主观问卷	驾驶模式	—	—

在表 5-2 中，车速标准差、加速度标准差、前轮转角标准差是通过计算得出的，其计算方法[95]：

$$v_{s}=\sqrt{\frac{1}{n}\sum_{m=1}^{n}(v_{m}-\overline{v})^{2}} \tag{5-17}$$

$$a_{s}=\sqrt{\frac{1}{n}\sum_{m=1}^{n}(a_{m}-\overline{a})^{2}} \tag{5-18}$$

$$s_{s}=\sqrt{\frac{1}{n}\sum_{m=1}^{n}(s_{m}-\overline{s})^{2}} \tag{5-19}$$

式中，m 表示第 m 次样本的状态；n 为在单位时间内采集的样本总量；v_m 为车辆采集的第 m 次车速值；v_s 为单位时间内速度标准差；a_s 为单位时间内加速度标准差；a_m 表示车辆采集的第 m 次加速度值；$\overline{a}$ 单位时间内加速度的标准差；s_s 表示前轮转角标准差；s_m 为采集的第 m 次前轮转角值；$\overline{s}$ 为单位时间内前轮转角的平均值。

驾驶经验则是通过融合驾驶人的驾龄和驾驶里程得出的，其表达式：

$$E_{x}=\begin{cases}1 & A<3\cap D<5\times10^{4}\\ 2 & A>3\cap D>5\times10^{4}\end{cases} \tag{5-20}$$

式中，E_x 为驾驶人经验单位为 km；A 为驾龄；D 为驾驶里程。

5.4.3.1 基于改进马尔科夫毯（MB-NEW）的属性选择结果

图 5-9 所示为采用马尔科夫毯（MB）方法进行人机共驾智能车系统驾驶模式决策属性选择的结果，其中阴影节点为驾驶模式选择的马尔科夫毯。该算法首先获得驾驶模式选择的父子节点集合为车头时距、加速度、车道中心距、驾驶经验、前轮转角标准差，然后寻找选取节点的父子节点，其中加速度的父子节点为 X 轴加速度、Y 轴加速度、Z 轴加速度、速度，车道中心距的父子节点为左车道线间距和右车道线间距，前轮转角标准差的父子节点为前轮转角、左转向、右转向，车头时距和驾驶人经验不存在父子节点。由马尔科夫毯的条件独立性及依赖性最后得出车头时距、加速度、车道中心距、驾驶经验、前轮转角标准差、Z 轴加速度、左车道线间距、右车道线间距、左转向、右转向为最终的马尔科夫毯。

为了进一步对人机共驾智能车系统驾驶模式选择决策属性进行优化，最大限度删除冗余属性。本研究对传统的马尔科夫毯算法进行了改进，引入了

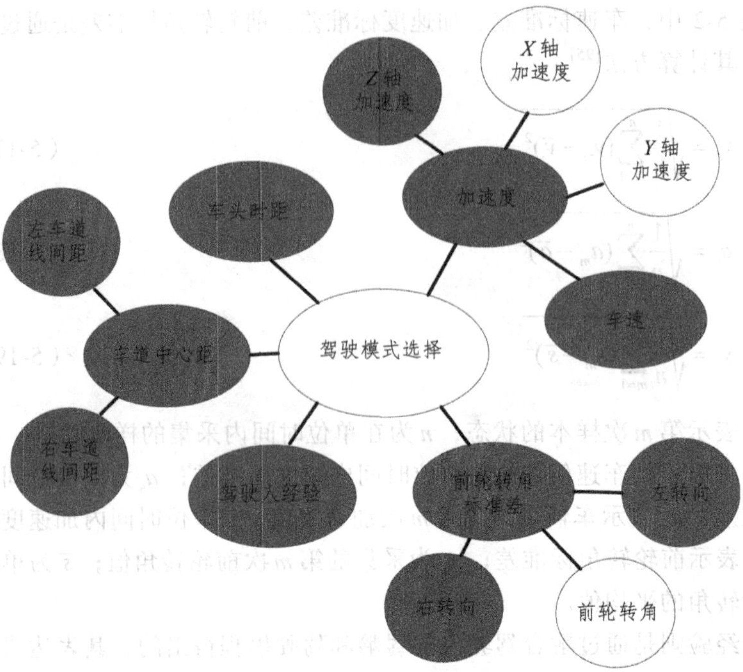

图 5-9　基于 MB 的属性选择结果

条件最大条件互信息（CMIM）和边界阈值实现对马尔科夫毯的优化。通过计算得到基于改进马尔科夫毯的属性选择结果如图 5-10 所示，最终得出驾驶人经验、车头时距、车道中心距、加速度和车速 6 个属性为驾驶模式决策的最优因子集。通过对比分析图 5-9 和图 5-10 可知，采用改进的马尔科夫毯方法相较于马尔科夫毯方法能够有效地减少选择属性的数量，极大程度上消除了马尔科夫毯中存在的冗余属性。

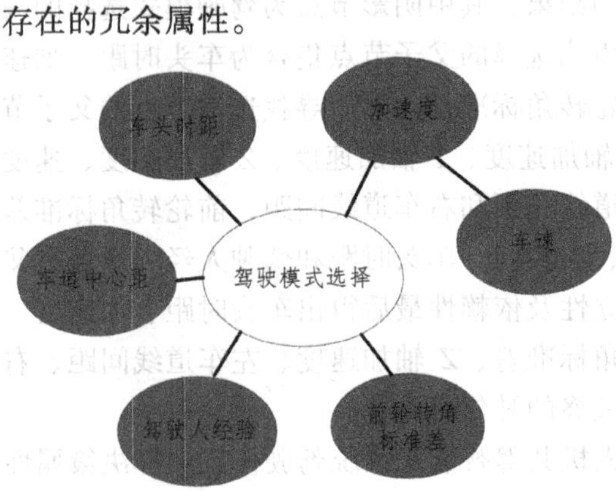

图 5-10　基于 MB-NEW 的属性选择结果

5.4.3.2 融合信息增益和多分类器的属性选择结果

相关研究表明，当以分类错误率为评价函数时，选择属性的分类准确率最高。所以本研究从分类准确率角度出发提出一种融合信息增益和多分类器的属性选择方法。首先以信息增益为依据对驾驶模式决策属性按照其对驾驶模式影响的重要度进行排序，然后分别采用 KNN、SVM 和 NB 三个分类器按照排序结果分别选取不同数量的特征进行驾驶模式决策分析。

由于该属性提取方法在进行特征排序时要求所有的决策特征必须为离散型变量，而采集的特征数据多为非离散型变量，所以在进行排序前需将连续变量离散化，本研究采用 MDL（最小描述长度方法）[97]对决策变量进行离散化处理，然后通过计算其信息增益来实现对所有属性进行排序。同时，本研究中还采用 3 种常用的属性提取方法[以实例（RF）为依据的属性排序方法、贪心选择（Greedy）属性排序法、遗传（GA）最优搜索算法]作为对照进行对比分析。其中以实例为依据的属性排序算法、贪心选择属性排序算法、以信息增益为依据的属性排序算法都是对属性进行排序，而遗传最优搜索算法则是直接选择最优属性集合。不同方法的属性排序和选择结果如图 5-11 所示。

由图 5-11 可知，采用遗传最优搜索属性选择算法[见图 5-11（d）]从 20 个决策属性中选取前轮转角标准差、驾驶经验、车头时距、车道中心距离为驾驶模式决策因子。而以信息增益为依据的属性排序算法[见图 5-11（a）]、以实例为依据的属性排序算法[见图 5-11（b）]、贪心选择属性排序算法[见图 5-11（c）]分别按照其评价规则对各属性的重要度进行计算并得出排序结果。

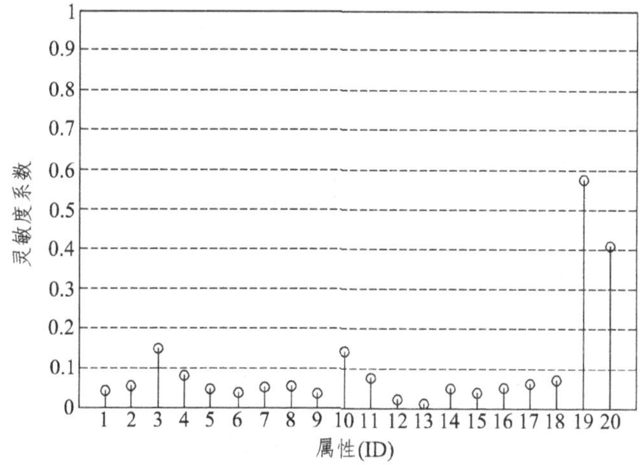

（a）以信息增益为依据的属性排序

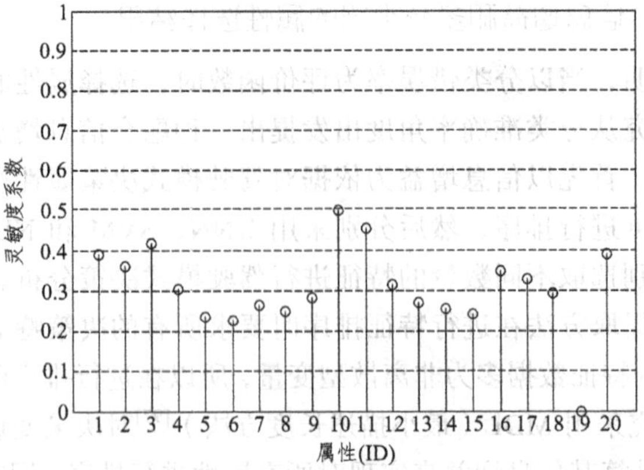

（b）基于实例的属性排序

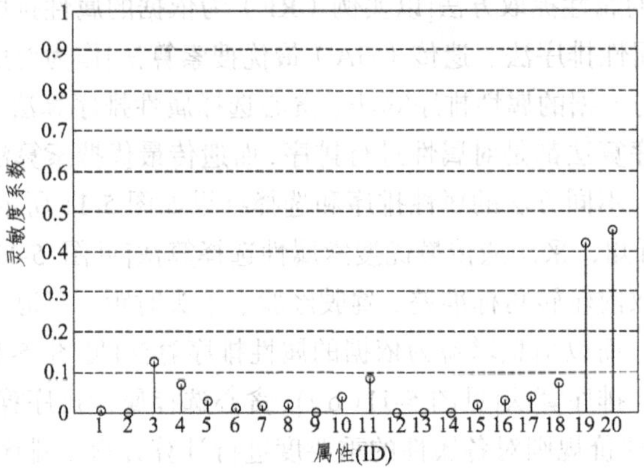

（c）基于贪心算法的属性排序

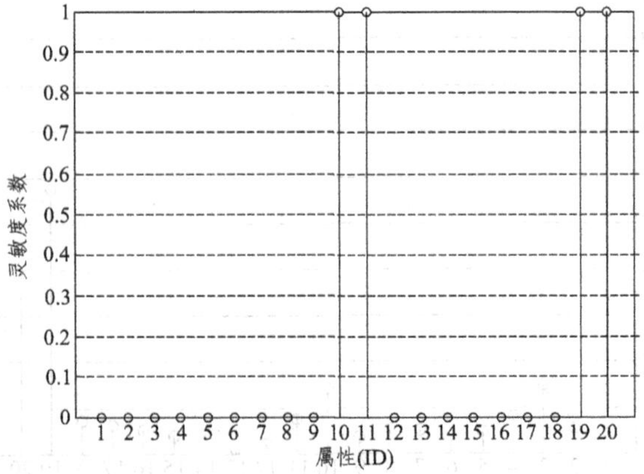

（d）基于遗传最优搜索的属性选择

图 5–11　不同方法的属性排序和选择结果

（注：图 5–11 中 *X* 轴的属性 ID 的编号与表 5–2 的 ID 相对应）

属性排序算法只能实现对驾驶模式决策因子进行排序，无法对最优的提取结果进行确定。而加入分级模型则能够有效解决这一问题。通过对选择不同数量属性计算其分级准确率，最后选择最优属性组合以期得到最优识别结果。本研究中采用 SVM、NB、KNN 这 3 种常用的分类器模型对不同属性选择方法下的识别效果进行评价。在测试过程中，将所有的数据集分成 10 份，轮流将其中 9 份作为训练集，剩余 1 份作为测试集，10 次结果的均值则为对算法精度的估计。图 5-12 ~ 5-14 所示为不同分类器采用不同属性提取算法时的分类结果。

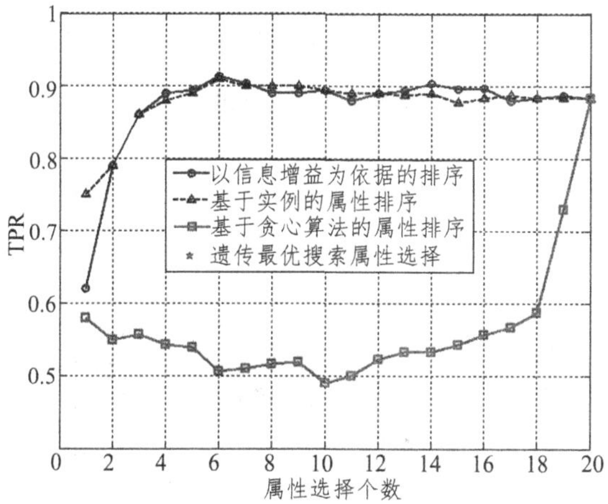

（a）NB 算法的 TPR

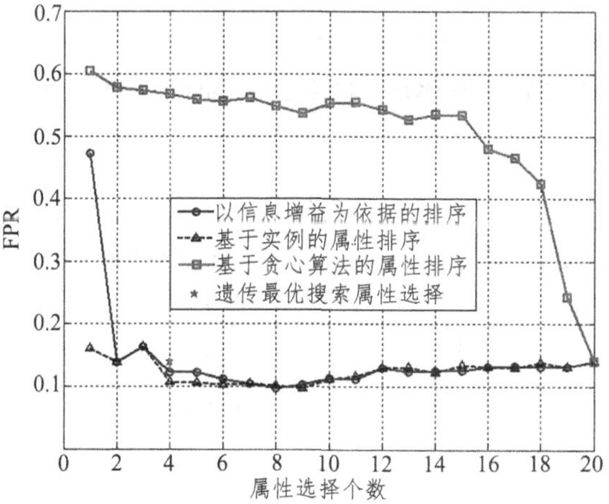

（b）NB 算法的 FPR

图 5-12　不同属性选择算法下 NB 的分类结果

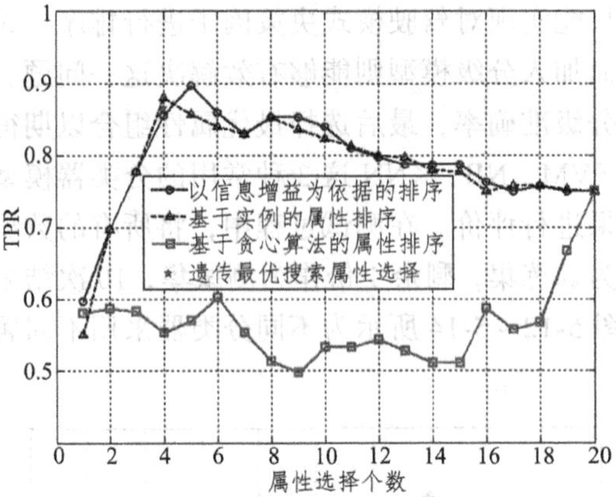

（a）KNN 算法的 TPR

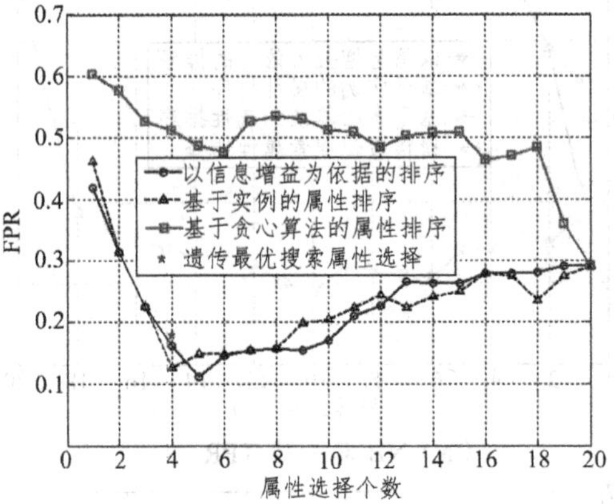

（b）KNN 算法的 FPR

图 5-13　不同属性选择算法下 KNN 的分类结果

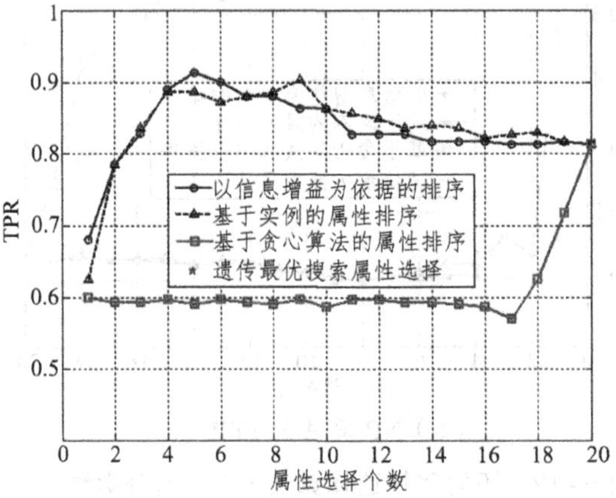

（a）SVM 算法的 TPR

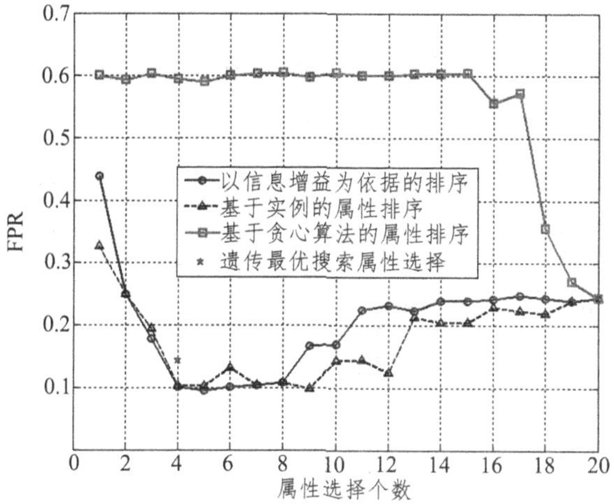

（b）SVM 算法的 FPR

图 5-14　不同属性选择算法下 SVM 的分类结果

由图 5-12 可知，当采用 NB 作为分类器时，以信息增益为依据的属性排序算法选择前 6 个属性为决策因子时，分类的 TPR 和 FPR 结果最为理想。基于实例排序算法的分类最优结果也是出现在选择前 6 个属性时。而贪心算法的最优分类结果则为选择所有属性时出现。

由图 5-13 可知，当采用 KNN 作为分类器时，以信息增益为依据的属性排序算法选择前 5 个属性为决策因子时，分类的 TPR 和 FPR 结果最为理想。基于实例排序算法的分类最优结果出现在选择前 4 个属性时。而贪心算法的最优分类结果则为选择所有属性时出现。

由图 5-14 可知，当采用 SVM 作为分类器时，以信息增益为依据的属性排序算法选择前 5 个属性为决策因子时，分类的 TPR 和 FPR 结果最为理想。基于实例排序算法的分类最优结果出现在选择前 9 个属性时。而贪心算法的最优分类结果则为选择所有属性时出现。

此外，由于遗传最优搜索算法不具有参数可调性，所以其在图中的结果只有一个点，即其最优分类结果在选择 4 个属性时出现。

由上可知，当采用不同的分类算法和属性选择方法进行计算时，所选取的最优属性集合也具有一定的差异性。为了能够获取最佳的属性结合，需对不同属性选择方法和分类算法组合下的分类结果进行分析。其对比分析结果如图 5-15 所示。

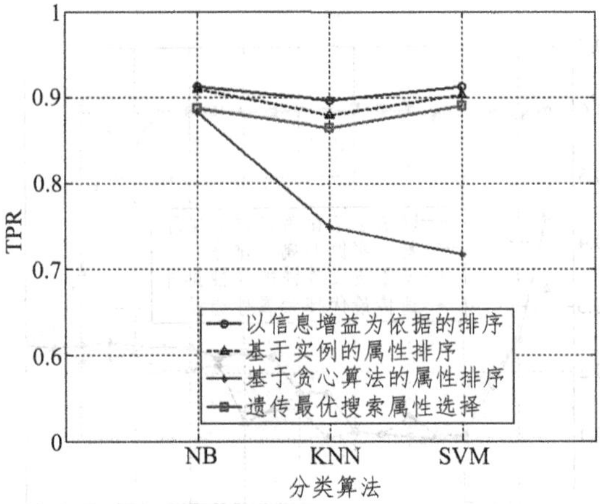

（a）TPR

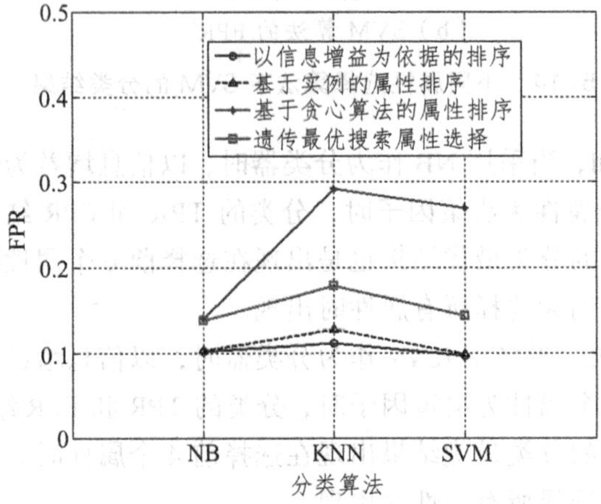

（b）FPR

图 5–15　不同属性选择方法和分类算法组合的最优分类结果

由图 5-15 可知，采用以信息增益为依据的属性排序方法后，进行分类辨识得到的分类真正率（TPR）[见图 5-15（a）]相较于其他三种算法更为优越，同时分类假正率（FPR）[见图 5-15（b）]也较小。当采用以信息增益为依据的属性排序方法和支持向量机或朴素贝叶斯组合进行识别时真正率最大为 0.913，此时假正率分别为 0.102 和 0.096。其选择的属性数量分别为 5 个和 6 个。所以可以认为选择 5 个或者 6 个属性进行识别时都能得到理想的分类结果。其中 5 个属性的集合为车速、车头时距、加速度、前轮转角标准差、驾驶经验，而 6 个属性的集合为车速、车头时距、加速度、前轮转角标准差、驾驶经验和车道中心距。

5.4.3.3 改进马尔科夫毯（MB-NEW）算法执行效率验证

由于人机共驾智能车系统驾驶模式决策实验为探索性研究，所以采集的数据样本有限，不同属性选择算法的执行效率差异性较小。为了验证本研究提出的改进马尔科夫毯方法在属性选择执行效率方面的优越性，实验选择美国 FARS（Fatality Analysis Reporting System，死亡事故分析报告系统）中 2010—2014 年的事故数据开展测试,并将数据按照年份分为不同的 6 个数据集。通过对原始数据进行预处理，对无效和不可量化的数据进行消除，最终得到的数据集如表 5-3 所示。

表 5-3 FARS 数据集

年份	样本数	属性个数	属性类型	类标签数
2010	45 490	29	numeric	3
2011	39 953	29	numeric	3
2012	40 095	29	numeric	3
2013	40 095	29	numeric	3
2014	37 427	29	numeric	3
2010—2014	203 060	29	numeric	3

表 5-3 中，根据事故的严重程度将类标签分为没有伤亡、有伤亡、存在严重伤亡这 3 种，而数据集中属性的特性则如表 5-4 所示。

表 5-4 FARS 数据属性描述

ID	属性名称	属性类型	属性描述
1	Atmospheric	Qualitative	Atmospheric type（0-11）
2	Day	Qualitative	Day of crash（1-31）
3	Hour	Qualitative	Time of crash（0-23）
4	Month	Qualitative	Month of crash（1-12）
5	Crash related factors	Qualitative	Reason caused crash（0-28）
6	Day of week	Qualitative	1，Monday；2，Tuesday；3，Wednesday；4，Thursday；5，Friday；6，Saturday；7，Sunday
7	Large truck	Qualitative	0, not heavy truck related; 1, heavy truck related

ID	属性名称	属性类型	属性描述
8	Light condition	Qualitative	1，Daylight；2，Dark-not lighted； 3，Dawn；4，Dusk
9	Manner of collision	Qualitative	The collision type（0-11）
10	National highway system	Qualitative	0，No；1，On
11	Relation to junction	Qualitative	Specific location（1-20）
12	Speeding	Qualitative	0，Not speeding；1，Speeding
13	Type of intersection	Qualitative	Type of intersection（1-10）
14	Work zone	Qualitative	0，None；1，Construction；2，Maintenance； 3，Utility；4，Work zone
15	Age	Continuous	Age of the most severity injury person
16	Alcohol test result	Continuous	Alcohol percentage
17	Person type	Qualitative	1，Driver of a Motor vehicle in-transport； 2，Passenger of a Motor vehicle in-transport
18	Drug involvement	Qualitative	0，No；1，Yes
19	Sex	Qualitative	1，Male；2，Female
20	Driver alcohol involvement	Qualitative	0，No；1，Yes
21	Driver related factor（1）	Qualitative	Driver relation factor to crash（0-92）
22	License state	Qualitative	The name of state（0-56）
23	Crash type	Qualitative	The type of crash（0-98）
24	Driver distracted	Qualitative	The type of distraction（0-19）
25	Driver vision obscured by	Qualitative	The type of obstruction（0-14）
26	Roadway alignment	Qualitative	0，No traffic way；1，Straight； 2，Curve right；3，Curve left
27	Roadway surface condition	Qualitative	0，Non-traffic way；1，Dry；2，Wet；3，Snow；…； 11，Mud，Dirt or Gravel
28	Roadway surface type	Qualitative	0，Non-traffic way；1，Concrete；2，Blacktop； 3，Brick or Block；4，Slag；5，Dirt
29	Speed limit	Continuous	Posted speed limit
30	Injury level	Qualitative	Target variable（0，no-injury；1，injury；2，fatality）

从表 5-4 中可以看出，考虑到各个属性的特点，对其属性状态分类也存在较大的差异性。数据集中的数据类型包括定性的属性，同时也包含了定量的变量。为了能够实现对这些异质数据的分析，在实验之前采用有监督离散算法 Minimum Descriptive Length（MDL）对其进行离散化，然后再进行相应的计算处理。

为了综合分析改进马尔科夫毯方法在处理大样本数据集上的优势，本研究将所提出算法（MB-NEW）与现有的应用较为广泛的特征选择算法[FCBF、ReliefF 及嵌入机器学习算法（SVM）的属性排序方法（Wrapper-SVM）]进行比较，以下为 3 种典型算法的简单介绍。

FCBF（Fast Correlation-Based Feature selection）[98]：在这个算法中，度量准则为 Symmetrical Uncertainty（SU）。首先按照特征的相关性降序排列所有的特征，然后再是近似马尔科夫毯排除冗余特征，其准则是：如果 $SU(F_1;C) > SU(F_2:C)$ 且 $SU(F_1;C) > SU(F_1;F_2)$，那么就是的冗余特征。

ReliefF[99]：是一个著名的基于距离的特征排序方法。该方法选择特征的准则是选择具有最大区分不同类标签距离和最小区分相同类标签距离的特征。该算法在运行前需要设定近邻数 k 和参与样本数 m，根据文献，本研究中 k 取 5，m 取 30。

Wrapper-SVM：该方法的特点就是将支持向量机算法嵌入 Wrapper 类属性排序算法中，以分类准确率为评价依据得出最优或者局部最优属性集合。

而考虑到这 3 种算法在 Weka 平台中已经存在，所以本研究直接调用这些算法进行运算。不同算法在不同数据集中属性选择的结果和运行时间如图 5-16 和表 5-5 所示。

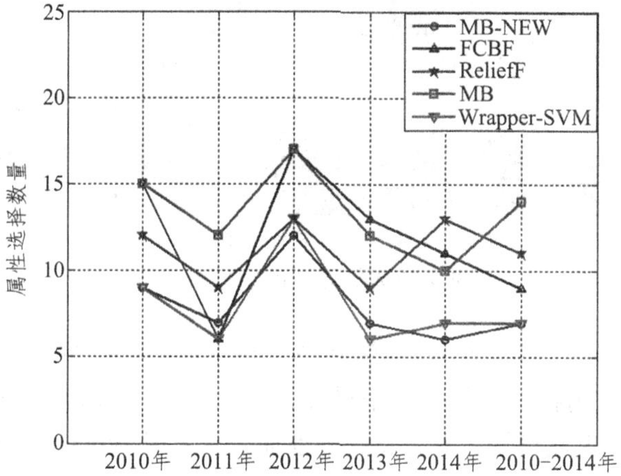

图 5–16　各算法属性选择结果

表 5-5 各属性选择算法执行时间

数据集	执行时间/s				
	MB-NEW	FCBF	ReliefF	MB	Wrapper-SVM
2010	1.98	1.89	2.4	1.85	>600
2011	1.41	1.55	2.21	1.37	>600
2012	1.52	1.51	2.02	1.44	>600
2013	1.36	1.47	2.08	1.32	>600
2014	1.08	1.36	1.79	1.00	>600
2010—2014	4.41	4.08	5.31	4.21	>600

由图 5-16 可知，采用 MB-NEW 和 Wrapper-SVM 对交通事故严重性关联属性进行选择时，其选择的属性数量相较于其他算法最少。而从算法的执行时间可以看出，MB 算法的执行时间最短，MB-NEW 次之。此外，为验证属性选择结果对交通事故严重性识别的影响，采用前文提到的 3 种分类器（KNN、NB、SVM）分别进行分类识别，得到不同属性选择算法的识别准确性对比结果，如图 5-17 所示。

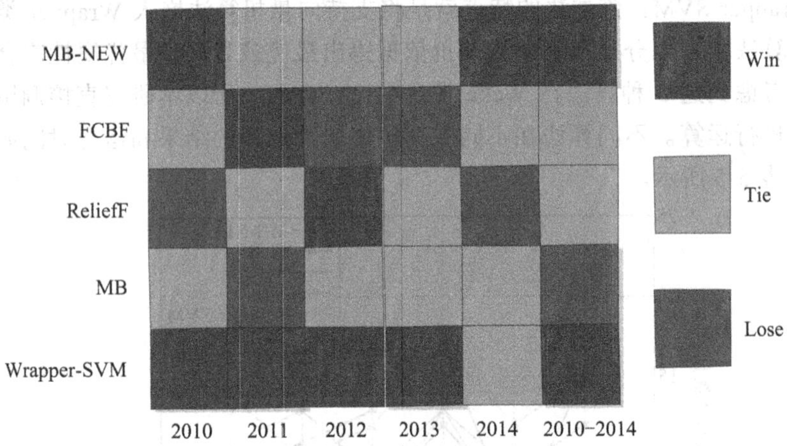

图 5-17 不同属性选择算法的识别准确性对比

由图 5-17 可知：MB-NEW 算法在 3 个数据集中分类结果为最优，而 Wrapper-SVM 算法则在 5 个数据集中最优，FCBF、和 ReliefF 分别出现过一次分类结果最优。由此可知，就分类准确性而言，采用 Wrapper-SVM 属性选择效果最佳，MB-NEW 算法次之，其余 3 个算法各有优劣。

通过对不同属性选择算法的属性选择数量、算法执行时间、分类准确率三方面结果进行分析可知：MB-NEW算法在属性选择数量、算法执行时间、分类准确率都体现出较大的优越性，虽然 Wrapper-SVM 算法在分类准确率方面要优于 MB-NEW 算法，但是 MB-NEW 算法执行效率要远远高于 Wrapper-SVM 算法。当数据维度较高或者样本数量庞大时，采用 MB-NEW 算法进行属性选择显然更好。

6 人机共驾车辆模式选择决策建模方法

搭载人机共驾智能车系统的车辆在实际道路交通环境中行驶，针对不同的交通环境选择合适的驾驶模式进行车辆控制对行车安全性有着重要的影响，尤其是当危险驾驶状态出现时采用警示辅助或者自动驾驶模式能够有效地提高车辆行驶安全性和交通通行效率。因此，本章根据第 5.4.2 节中实车实验采集的数据，首先通过采用驾驶人驾驶行为险态等级对自汇报驾驶模式结果进行标定，然后对第 5 章中选取的 6 个驾驶模式决策属性指标的特性进行分析，在此基础上建立基于多分类支持向量机（M-SVM）的驾驶模式决策模型，其中，M-SVM 模型中核函数参数及惩罚因子采用遗传算法进行优化。

6.1 引 言

人机共驾智能车系统中驾驶模式决策是一个复杂的过程，其决策过程受驾驶人行为特征、车辆运动状态、外界交通环境等多方面因素的影响。而上述诸多因素共同作用形成了驾驶过程中不同等级的驾驶行为险态，进而为驾驶模式的决策提供参考依据。本章主要考虑人工驾驶、警示辅助驾驶和自动驾驶三种模式之间的切换，根据目前车辆智能化研究的实际情况，重点研究人工驾驶状态下，当危险驾驶状态出现时，其向警示辅助模式或自动驾驶模式转化的决策条件和机制。

驾驶行为险态反映了当前行驶车辆的安全水平，不同驾驶行为险态等级条件下，采用合适的驾驶模式操纵车辆能够有针对性地规避潜在的驾驶风险和降低交通事故发生的概率。图 6-1 所示为不同驾驶行为险态下驾驶模式决策过程。

驾驶行为险态受来自驾驶人、车辆和道路交通环境等多方面影响。驾驶人方面，如攻击性驾驶、疲劳驾驶、分心驾驶都会导致危险驾驶状态的发生。而恶劣的天气、复杂的路况及较低的车辆性能等都是影响驾驶行为险态等级的关键因素。从图 6-1 可以看出，通过对实际驾驶过程中的驾驶行为险态进行评估后，融合驾驶人经验、车辆运动状态等因素可以对当前适用的驾驶模式进行决策，并采用人机共驾智能车系统实现对不同驾驶模式的切换，能够提高车辆行驶安全性。

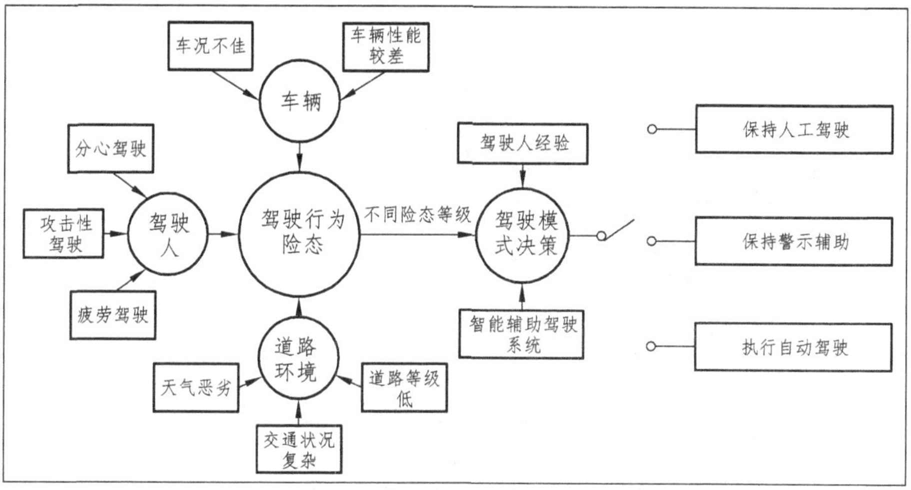

图 6-1 驾驶模式决策过程

本章在第 4 章和第 5 章研究内容的基础上，综合分析实车实验采集的多特征信息数据，在实现对驾驶模式决策结果准确标定的基础上，以第 5 章中选取的属性为特征向量，构建人机共驾智能车系统模式决策选择模型，进而实现对实际道路驾驶过程中车辆驾驶模式的判定决策。

6.2 基于驾驶行为险态辨识的驾驶模式标定

通过对第 5 章中的实车实验结果进行统计发现，驾驶人在 300 例不同交通事件下选择的驾驶模式分布为：人工驾驶出现 180 次，警示辅助出现 82 次，自动驾驶出现 38 次。为了检验选择结果的可靠性和合理性，规避由于驾驶人的主观因素而导致的偏向性，书中采用该交通事件下驾驶人的驾驶行为险态等级作为参考对象对驾驶模式选择结果进行验证。首先将这些交通事件下驾驶人的血流量脉冲和皮肤电导值按照第 4 章中提出的数据处理方法进行过滤处理，然后采用 K-均值聚类方法得到 300 个交通场景下驾驶行为险态等级分类，如图 6-2 所示。

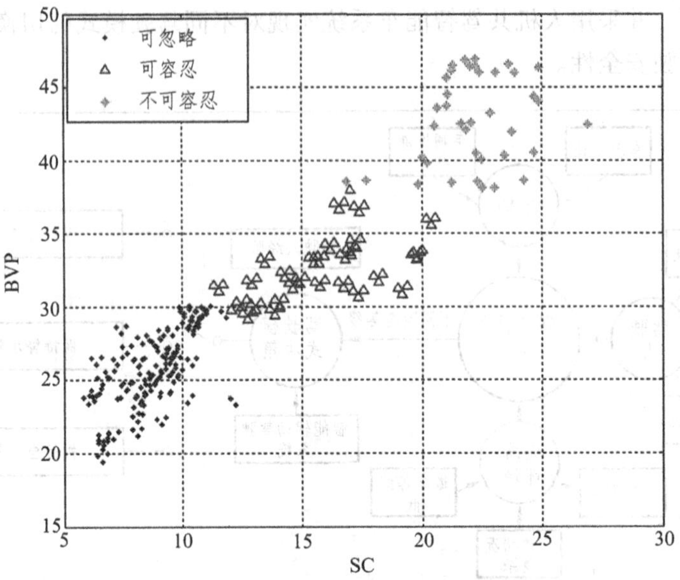

图 6-2　驾驶行为险态聚类结果

由图 6-2 中聚类结果可知，在 300 个交通事件中，三种不同等级驾驶行为险态的分布分别为：可忽略状态 179 个，可容忍状态 83 个，不可容忍状态 38 个。将聚类结果和驾驶人自汇报结果进行对比，其分析结果如表 6-1 所示。

表 6-1　聚类结果与驾驶人自汇报结果对比

BVP 聚类中心	SC 聚类中心	聚类结果	自汇报结果	二者吻合数	吻合率
25.71	8.96	179	180	174	0.967
32.57	15.79	83	82	80	0.976
42.69	20.39	38	38	36	0.947

从表 6-1 中的对比结果可知，驾驶行为险态的 K-均值聚类结果和驾驶模式选择结果二者之间存在较高的吻合度。采用欧式距离法分析两类数据之间的相似度发现，两个结果之间的相似度为 0.974。而相关研究表明，当驾驶人处于危险驾驶状态时，采用警示提醒或者自动控制等方式能够有效降低事故发生概率，所以认为驾驶人自汇报结果具有较高的可信度和准确度。此外，为了能够更加准确地对采集数据结果进行分析，书中将 300 个交通事件中聚类结果和自汇报结果不一致的 10 个案例进行再次归类，通过请专业驾驶人观看采集视频的方式对最终的驾驶模式选择结果进行确认。最终得到三种驾驶

模式选择结果为：人工驾驶 180 次，警示辅助驾驶 82 次，自动驾驶 38 次。

6.3 人机共驾智能车系统驾驶模式决策属性特性分析

6.3.1 驾驶模式决策属性因子特征分析

通过采用第 5 章中提出的属性选择方法得出驾驶模式决策因子，具体包括车速、车头时距、加速度、前轮转角标准差、驾驶经验和车道中心距 6 项。通过对原始数据进行预处理后得出 300 个典型交通事件下不同特征参数数据，见表 6-2。

表 6-2 典型交通事件下不同特征参数数据（部分）

事件编号	$\bar{v}$ /(km·h^{-1})	S_s /[(°)·s^{-2}]	a_s /(m·s^{-2})	$\bar{d}$ /m	$\bar{T}$ /s	E_x	BVP	SC/μm	驾驶模式
1	48.88	0.44	0.22	1.03	2.50	1	40.05	22.47	3
2	45.96	0.39	0.27	0.32	2.40	2	29.32	10.10	1
3	41.63	0.41	0.29	0.12	3.25	2	23.46	14.22	1
4	37.44	0.46	0.00	0.14	3.50	2	23.59	6.28	1
5	35.67	0	0.35	0.68	2.41	1	30.63	17.36	2
⋮	⋮	⋮	⋮	⋮	⋮	⋮	⋮	⋮	⋮
296	44.70	0.49	0.19	0.62	1.08	2	39.81	20.23	3
297	39.54	0.50	0.15	0.65	1.26	1	43.20	20.83	3
298	36.51	0.32	0.27	0.57	1.50	1	38.13	17.03	2
299	33.88	0.24	0.15	0.42	1.83	2	36.43	17.49	2
300	30.64	0.33	0.46	0.13	2.00	1	27.54	8.30	1

根据表 6-2 中的数据，采用统计学方法对不同驾驶模式下的速度、前轮转角标准差、加速度绝对值、车道中心距、驾驶人经验和车头时距的平均值和标准差进行计算，得出其变化规律特性，如图 6-3 所示。

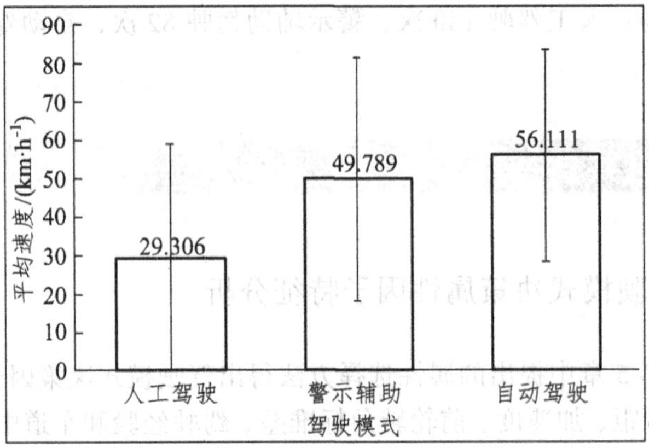

（a）平均速度

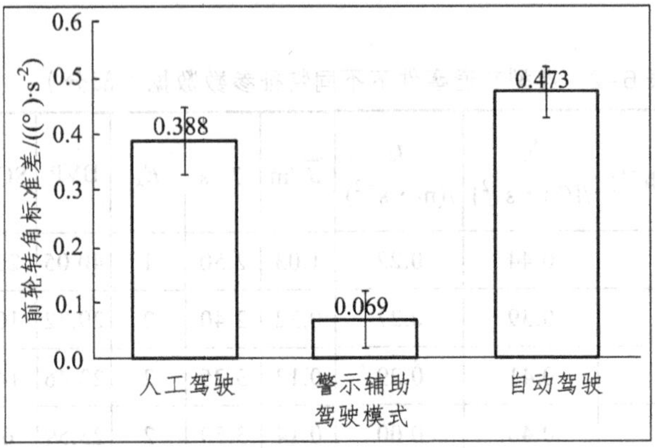

（b）前轮转角标准差

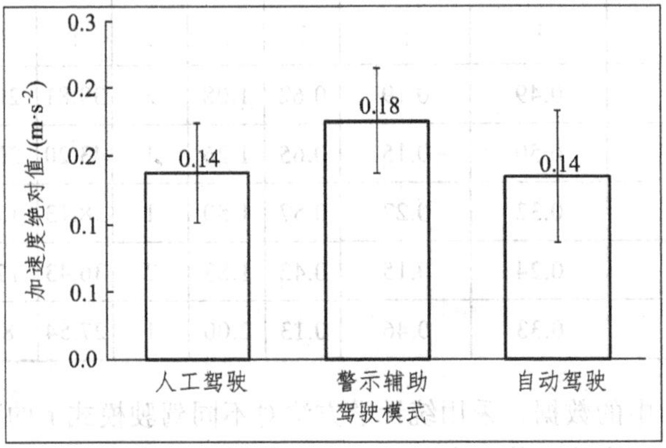

（c）加速度绝对值

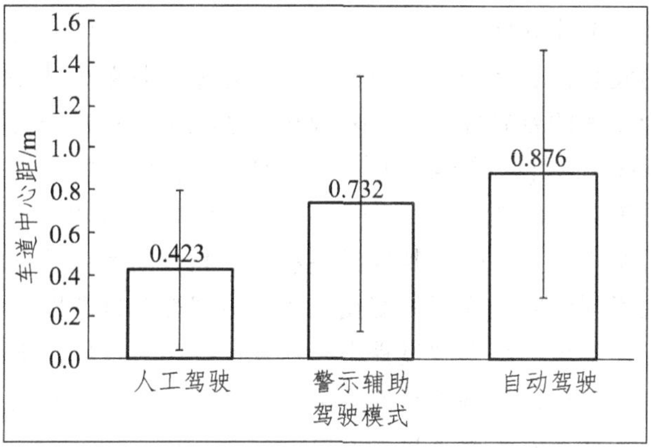

（d）车道中心距

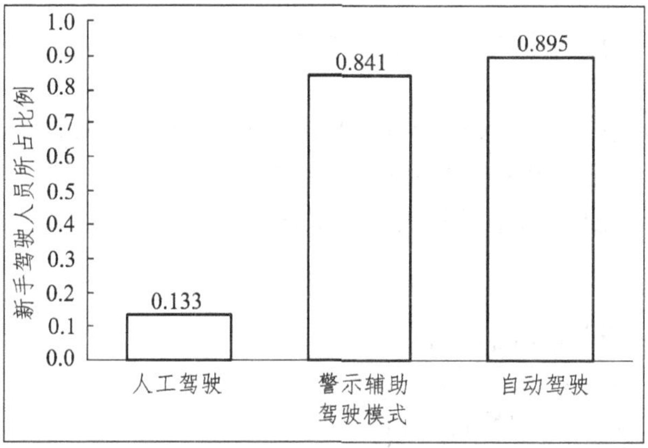

（e）驾驶经验

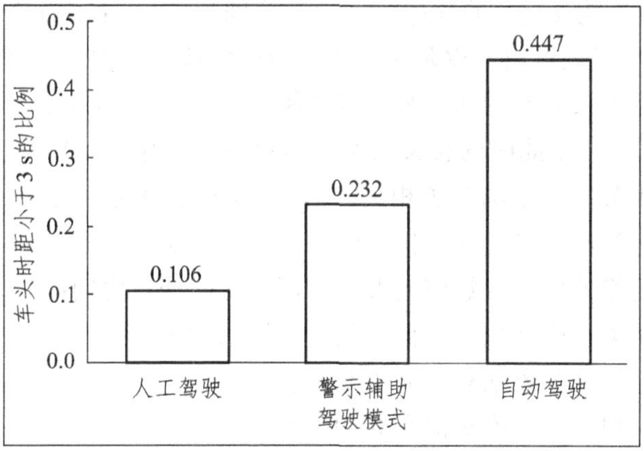

（f）车头时距

图 6-3　不同驾驶模式下 6 项属性指标变化特性

经分析发现，上述 6 项指标分别从横向操作、纵向操作和驾驶人自身三方面影响行驶的安全性。从图 6-3 可以看出，在不同驾驶模式中，6 项属性指标都呈现较为显著的差异性。当车速[见图 6-3（a）]、车道中心距[见图 6-3（d）]和前轮转角标准差[见图 6-3（b）]较大时，进行警示辅助驾驶或者自动驾驶被认为是更为合理的选择。而由图 6-3（e）和（f）可知，当驾驶人经验欠缺或者车头时距小于 3 s 时，其选择警示辅助和自动驾驶的可能性更大。此外，加速度在不同驾驶模式下的变化规律未出现类似显著性规律，究其原因，可能是由于在城市道路驾驶过程中，驾驶速度相对较低，不同模式出现剧烈加速的可能性较小，而剧烈减速则可能相对较为频繁。所以三种模式下加速度的平均值和标准差未出现显著差异。

6.3.2 决策属性与驾驶模式关联性分析

皮尔逊相关系数法（Pearson Product-moment Correlation Coefficient，PMCC）是一种广泛应用于检验变量之间相关性的度量方法[100]。假设存在变量 x 与 y 总体服从或者近似服从正态分布时，变量与之间的相关系数的计算公式：

$$r_{xy}=\frac{\sum_{i=1}^{n}(x_i-\overline{x})(y_i-\overline{y})}{\sqrt{\sum_{i=1}^{n}(x_i-\overline{x})^2\sum_{i=1}^{n}(y_i-\overline{y})^2}} \tag{6-1}$$

式中，$\overline{x}$、$\overline{y}$ 分别为 x、y 的均值；x_i、y_i 分别为 x、y 的第 i 个观测值。

由式（6-1）不难看出，皮尔逊相关系数值的取值范围在[−1，1]，相关系数的绝对值越大表明变量间的相关程度越高。当 $|r_{xy}|=1$ 时，表示变量 x 与 y 之间为完全线性相关，此时的相关关系为函数关系。当 $r_{xy}>0$ 时，表示变量 x 与 y 之间为正相关，反之则为负相关。当 $r_{xy}=0$ 时，表示两个变量之间相互独立，不呈线性关系，即通常所说的两个变量不相关。

另外，根据相关性系数数值的大小，可以将两变量之间的相关关系进一步划分为高度相关、中度相关、低度相关和极弱相关。

高度相关：相关系数绝对值大于 0.70。

中度相关：相关系数绝对值在 0.50 ~ 0.70。

低度相关：相关系数 0.30 ~ 0.50。

极弱相关：相关系数 0.05 ~ 0.30。

T 检验是一种常用的用于检验两变量之间相关性分析置信度的测试方法，其检验方法如下：

检验的原假设为 $H_0:\rho=0$（总体中两个变量间的相关系数为 0）。

用于检验的统计量为

$$t=\frac{\sqrt{n-2}}{\sqrt{1-r_{xy}^{2}}}r_{xy} \tag{6-2}$$

当原假设为真时：

$$t \sim t(n-2)$$

式中，r_{xy} 为两变量间的相关系数；n 为样本观测数量；$n-2$ 为自由度。在原假设下，当观测的显著性水平小于 0.05 时，拒绝原假设，我们认为两变量之间存在线性相关；否则接受原假设，即认为两变量之间不存在线性相关关系。

采用皮尔逊相关系数法对驾驶模式决策属性与驾驶模式之间的相关关系进行分析，得到其结果如表 6-3 所示。

表 6–3 相关性检验

检验方法	Kendall 相关系数		斯皮尔曼等级相关系数	
取值	Sig.（双侧）	相关系数	Sig.（双侧）	相关系数
车速	0.000	0.280**	0.000	0.358**
前轮转角标准差	0.001	−0.163**	0.000	−0.166**
加速度	0.003	0.157*	0.003	0.162**
车道中心距	0.000	0.266**	0.000	0.330**
车头时距	0.000	−0.269**	0.000	−0.291**
驾驶经验	0.000	−0.680**	0.000	−0.707**

注：**表示在置信度（双侧）为 0.01 时，显著相关；*表示在置信度（双侧）为 0.05 时，显著相关。

根据皮尔逊相关系数划分方法，一般认为相关系数取值绝对值在 0.15 以上则认为变量之间存在相关性。从表 6-3 的计算结果可以看出，所选取的 6 个决策属性与驾驶模式之间都存在显著的相关性（Sig<0.05）。其中，车速、加速度、车道中心距与驾驶模式为正相关，前轮转角标准差、车头时距、驾驶经验与驾驶模式为负相关。这些变量的关联性将应用于驾驶模式决策模型的结果分析中。

6.4 人机共驾智能车系统驾驶模式决策建模

根据上节分析，车速、车头时距、加速度、前轮转角标准差、驾驶经验和车道中心距为驾驶模式决策的关键性指标，本章将对驾驶模式的决策选择方法展开研究。

6.4.1 决策算法

6.4.1.1 二分类支持向量机（SVM）

支持向量机（Support Vector Machine，SVM）由 Vapnik 等人于 1995 年首次提出的一种用于分类识别和决策的算法[101]。由于该方法相较于神经网络、决策树和贝叶斯网络等具有更高的分类精度（尤其是对小样本数据）、建模原理简单等特点，自其被提出后就被广泛应用于数学、工程等多领域。而本研究中驾驶模式决策识别的数据量较小，且对模型的精度要求较高，所以拟采用该方法进行不同驾驶模式决策的识别[102]。

SVM 算法的基本原理是通过建立一个最优分类超平面作为决策曲面，该平面能够使得样本中正例和反例之间的间隔边缘最大化。然后将分类问题转化成一个凸二次规划问题，对于小规模的凸二次规划问题，可以采用内点法、牛顿法等经典的优化方法便可以很好地求解。其数学表达方式如下[103]：

给定一个训练样本集 $(x_i, y_i), i=1,2,\cdots,l, x\in R^n, y\in\{\pm 1\}$，如果训练集是线性可分的，则存在一个这样的超平面，在二维的情况下，该超平面能够将训练集分为正负两类。同时，根据统计学理论可知，如果该超平面为最优的话，它不仅能够有效地将两类样本分开，还能够保证分类间隔达到最大[104]。其划分过程如图 6-4 所示。

图 6-4 中，圆形点和三角形点分别代表正负两类样本，H0 为分类线，对于给定的划分函数法向量 $\boldsymbol{\omega}$，存在两条极端的直线 H1 和 H2，其中 H1 是过各类中离 H0 最近的样本的直线，H2 是平行于 H0 的直线，H0 与 H2 之间的距离或者 H0 与 H1 之间的距离称作为分类间隔。而最优分类直线不但要求其能够将两个不同的类分开，而且须使得分类间隔达到最大，则分类直线方程可表示为

$$(\boldsymbol{\omega}\cdot x)+\boldsymbol{b}=0 \tag{6-3}$$

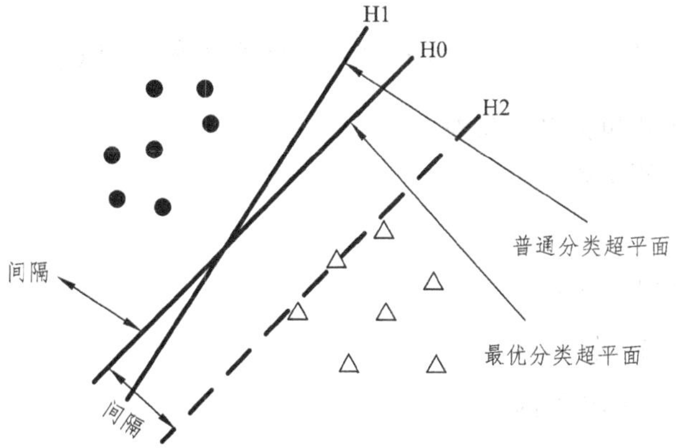

图 6-4　最优分类超平面示意图

经计算可知两极端直线间的距离为 $\frac{2}{\|\boldsymbol{\omega}\|}$，即分类间隔为 $\frac{2}{\|\boldsymbol{\omega}\|}$，根据极大化间隔思想可以将上述问题转化为求解 $\boldsymbol{\omega}$ 和 $\boldsymbol{b}$ 的最优化问题：

$$
\begin{aligned}
&\min_{\boldsymbol{\omega},\boldsymbol{b}} \frac{1}{2}\|\boldsymbol{\omega}\|^2 \\
&s.t. \quad y_i[(\boldsymbol{\omega}\cdot x_i)+\boldsymbol{b}]\geqslant 1, \quad i=1,2,\cdots,l
\end{aligned}
\tag{6-4}
$$

当存在分类平面使得 $\frac{\|\boldsymbol{\omega}\|^2}{2}$ 取值最小时，我们称该分类平面为最优分类平面，而 H1 和 H2 上的样本点我们称之为支持向量。

考虑到分类器误差损失情况，需引入非负松弛变量 $\xi_i\geqslant 0, i=1,2,\cdots,l$，则公式（6-4）可以转化为

$$
\begin{aligned}
&\min_{\boldsymbol{\omega},\boldsymbol{b},\xi_i} \frac{\|\boldsymbol{\omega}\|^2}{2}+C\sum_{i=1}^{l}\xi_i \\
&s.t. \quad y_i(\boldsymbol{\omega}^{\mathrm{T}}\cdot x_i-\boldsymbol{\beta})\geqslant 1-\xi_i, \xi_i\geqslant 0, i=1,2,\cdots,l
\end{aligned}
\tag{6-5}
$$

式中，C 为惩罚因子；C 值越大表示进行错误分类时的惩罚将越大，因此该参数的选择对结果的优劣影响很大。

根据拉格朗日乘子法进行运算，优化的核心问题可以用公式（6-6）进行描述：

$$
\begin{aligned}
&\max \quad L(\alpha)=\sum_{i=1}^{l}\alpha_i-\frac{1}{2}\sum_{i,j=1}^{l}\alpha_i\alpha_j y_i y_j K(x_i,x_j) \\
&s.t. \quad \sum_{i=1}^{l}\alpha_i y_i=0, 0\leqslant\alpha_i\leqslant C, \quad i=1,\cdots,l
\end{aligned}
\tag{6-6}
$$

式中，$L(\alpha)$ 为拉格朗日函数；α_i 和 α_j 表示拉格朗日乘子；$K(x_i,x_j)$ 为核函数。

常用的核函数主要包括以下几种：

（1）线性内核函数：

$$K(x_i,x_j)=x_i\cdot x_j \tag{6-7}$$

（2）多项式内核函数：

$$K(x_i,x_j)=[(x_i\cdot x_j)+1]^d \tag{6-8}$$

（3）径向基（RBF）内核函数：

$$K(x_i,x_j)=\exp\left(-\frac{|x_i-x_j|^2}{\sigma^2}\right) \tag{6-9}$$

本研究拟选用径向基函数作为核函数进行模型构建，最终得到优化函数：

$$f(x)=\mathrm{sgn}\left(\sum_{i=1}^{l}\sigma_i y_i k(x_i\cdot x_j)+b\right) \tag{6-10}$$

根据式（6-10）可实现对预测样本所属类别进行判断。

6.4.1.2　多分类支持向量机（M-SVM）

SVM 最初是针对二分类问题而提出的，但是考虑到实际生活中的应用普遍多为多分类问题，如何使用 SVM 解决多分类问题是近年来专家学者们研究的重点和难点问题。目前多分类支持向量机（Multi-class Support Vector Machine，M-SVM）算法的设计思路主要包括以下两种：

（1）在传统 SVM 算法的基础上通过对目标函数的优化来构建多分类模型，进而解决多分类问题。这种算法为一次性求解方法，优点是结构简单，缺点是算法的计算复杂度很高，导致其运行效率较低，实用性不强。

（2）M-SVM 的另一种思路是将多分类问题分解为若干个二分类问题，然后对这些二分类问题进行优化求解。这种思路极大地减小了算法的复杂度，同时也能够充分发挥支持向量机在解决分类识别问题中的优越性。所以基于该思路进行算法设计和优化的算法得到了快速发展。目前，常用的算法包括一对一（One Against One）、一对多（One Against Rest）、导向无环图（the Directed Acyclic Graph，DAG）等。其中，当样本量较小时，一对一支持向量机分类法计算效率高，应用更为广泛[105]，所以本研究采用一对一多分类支持向量机进行决策模型构建，则智能车驾驶模式决策支持向量机建模原理如图 6-5 所示。

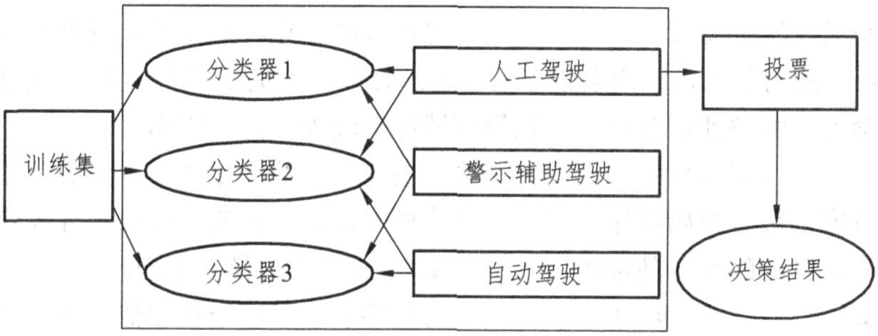

图 6-5　多分类支持向量机原理

由于本研究中需进行决策的驾驶模式包括人工驾驶、警示辅助驾驶和自动驾驶 3 种，所以共需产生 3 个子分类器即可解决该多分类问题。所以，多分类问题可转化为在式（6-11）、（6-12）和（6-13）

$$\begin{cases}(\omega^{ij})^{\mathrm{T}}\Phi(x_I)+b^{ij}\geqslant 1-\xi_i^{ij},\ y_t=i & (6\text{-}11)\\ (\omega^{ij})^{\mathrm{T}}\Phi(x_I)+b^{ij}\leqslant -1+\xi_i^{ij},\ y_t=j & (6\text{-}12)\end{cases}$$

$$\xi_i^{ij}\geqslant 0,\quad j=1,\cdots,l \tag{6-13}$$

的条件下，求解式（6-14）

$$\frac{1}{2}\|\omega^{ij}\|^2+C\sum_i\xi\sum_i^{ij}(\omega^{ij})^{\mathrm{T}} \tag{6-14}$$

的最小值。

通过对训练样本进行学习，形成一个能够用于对测试样本进行评价的投票策略，然后采用“投票法”确定测试样本所属类别。“投票法”的实现过程为：首先将待测样本输入所构建的二分类器中，计算 $\mathrm{sgn}[(\omega^{ij})^{\mathrm{T}}\Phi(x)+b]$，若测试样本 x 的判定结果为 i 类，则给 i 类加一票。反之则给 j 类加一票。待所有二分类器完成对测试样本的判别后，再对得票数进行比较，最后测试样本的类别属于得票较多的那一类。

此外，本研究使用遗传算法对 M-SVM 模型中的惩罚系数 C 和 RBF 核函数参数 σ 进行优化[106]。

6.4.2　优化决策算法

遗传算法（Genetic Algorithms，GA）是 J.Holland 教授于 1975 年提出，是一种模拟生物选择和遗传学原理的人工智能技术，通过进行一系列的自然选择、交叉变换、变异等步骤，最终实现种群的进化。遗传算法具有对问题依赖性小、使用范围广、搜索效率高、运行效率高等优点[107]。所以，该方法在机器学习、图像处理和函数优化等领域都有较为广泛的应用。

作为一种当前流行的智能搜索算法，遗传算法的优化要素主要受参数编码、适应度函数、初始群体的定义、遗传操作设计及控制参数设定五大要素制约。而该算法的数学基础则为 J.Holland 教授提出的模式定理。

定义 1：基于字符集{0，1，*}产生的能够表达某些结构相似性的布尔型字符串（0、1）可以称之为模式。

定义 2：模式中确定位置的个数称之为模式的阶，可记为 $O(H)$。

定义 3：模式中第一个和最后一个确定位置之间的距离称作模式的定义距，记为。

模式定理：在遗传操作数选择、交叉转换和变异的作用下，具有低阶、短定义距及平均适应度高于种群适应度的模式在迭代中将得以指数级增长。

通过利用模式定理，将使得低阶、高适应度和短定义距的模式数量逐步增加，最终使得结果趋于全局最优。

利用遗传算法对多分类支持向量机模型的参数进行优化的步骤如图 6-6 所示，其实现过程主要包括以下几个步骤[108]：

（1）训练样本预处理，确定输入变量和训练样本数量。

（2）种群初始化并编码，设置 SVM 算法的惩罚因子 C 和核函数参数的初始值及取值范围；同时，对遗传算法中的种群规模大小、最大迭代步数、种群交叉率和变异率等参数进行设定；另外，采用二进制编码对种群染色体进行初始化编码。

（3）以分类准确率为适应度函数，计算种群中各染色体的适应度值。

对适应度函数输出结果进行判断，判断输出值是否满足收敛条件，如果收敛，则输出最优迭代结果，否则将进入下一步操作。

（4）通过一系列的选择、复制、交叉变换和变异等操作，进化生成出一个新的种群，返回至步骤（3）；重新进行计算。

（5）对最优染色体进行解码，并将结果作为 SVM 的输入参数，采用测试样本对模型精度进行验证。

因此，驾驶模式决策选择过程为：首先基于决策属性特征和对应的驾驶模式决策结果构造训练的样本集，并将获取的样本集输入 SVM 模型进行训练，然后采用遗传算法优化模型中的惩罚系数和核函数参数，进而得到最优的惩罚系数和核函数参数[109]。模型参数标定完毕后，将决策属性测试样本输入 SVM 模型中，得出最终的驾驶模式决策结果。GA-M-SVM 模型的决策流程如图 6-7 所示。

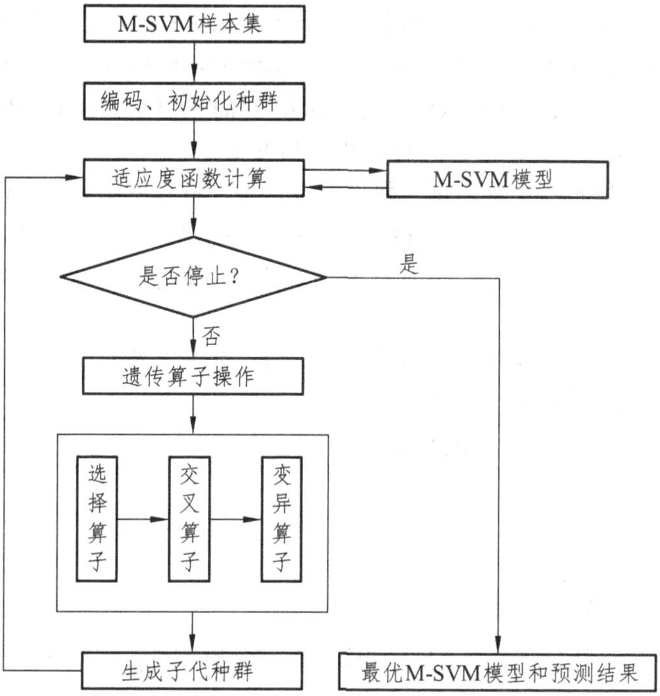

图 6-6　遗传算法优化支持向量机模型流程

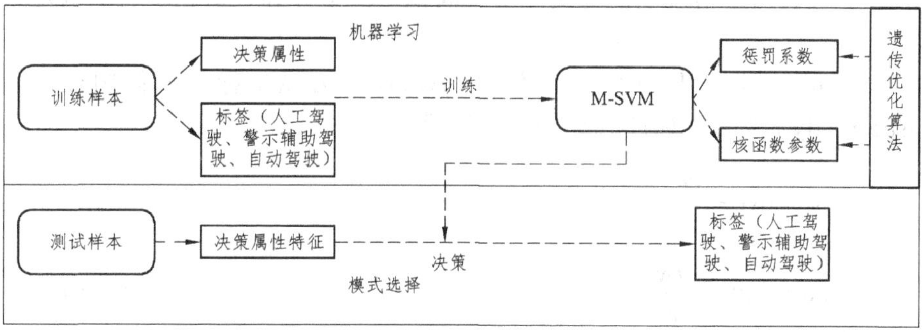

图 6-7　基于 GA-M-SVM 的驾驶模式决策流程

6.4.3　决策结果分析

本研究决策算法在 Weka 平台下编码实现并运行。在 GA-SVM 参数优化过程中，首先对参数 C 和 σ 进行二进制编码，随机生成一个初始化种群，设定最大进化迭代步数为 150，采用遗传算法进行优化运算，得到最优的参数值分别为：$C=3$，$\sigma=0.08$。为了评价所提出算法的决策优越性，本研究采用决策准确率（Accuracy）、Kappa 值（Kappa Statics Kappa）、平均绝对误差（Mean Absolute Error）、均方根误差（Root Mean Squared Error）、相对平方根误差（Root Relative Squared Error）等指标和 ROC 曲线（The Receiver Operating Characteristic Curve）验证法作为评价指标和方法。

（1）Kappa 值：表示为内部一致性系数，是评价预测值和实际值一致性程度的关键指标。一般地，当 Kappa>0.75 时，表示两者之间的一致性良好；当 0.75>Kappa>0.4 时，表示二者间一致性一般；当 Kappa<0.4 时，则表示一致性较差。

（2）平均绝对误差是观测值与算术平均值之间偏差绝对值的平均，该指标能够反映预测值误差的实际情况。

（3）均方根误差是观测值与实际值偏差的平方与观测次数比值的平方根，其数学表达：

$$RMSE=\sqrt{\frac{\sum_{i=1}^{n}(X_{\text{obs},i}-X_{\text{model},i})^2}{n}} \tag{6-15}$$

式中，$RMSE$ 表示均方根误差；$X_{\text{obs},i}$ 为第 i 个观测值；$X_{\text{model},i}$ 为第 i 个实际值；n 为总观测次数。

（4）平方误差为观测值与实际值之间偏差的平方和，值越小表示偏差越小。

（5）ROC 曲线是以真阳性率（Sensitive）为纵坐标，以假阳性率（1-specificity）为横坐标进行绘制的曲线[110]。

$$\text{Sensitive}=\frac{TP}{P} \tag{6-16}$$

$$\text{Specificity}=\frac{TN}{N} \tag{6-17}$$

式中，Sensitive 表示所有样本中被正确分类的比例；P 表示样本中正例的个数；TP 表示正例被正确划分的个数；Specificity 表示所有负例被正确划分的比例；N 表示样本中负例的个数；TN 表示负例被正确划分的个数。ROC 曲线下方面积 AUC（Area Under the Curve）值越大，表示模型的准确性越高。

6.4.3.1 不同核函数决策结果对比

为了验证所选择的径向基核函数的优越性，选用线性核函数和多项式核函数作为对比进行分析研究，采用十折交叉验证法（10-Fold Cross-Validation）的方法对样本进行训练和测试。所谓十折交叉验证就是将样本集分成 10 份，轮流将其中 9 份作为训练集，剩余 1 份作为测试集，进行验证试验。其试验结果如图 6-8 所示。

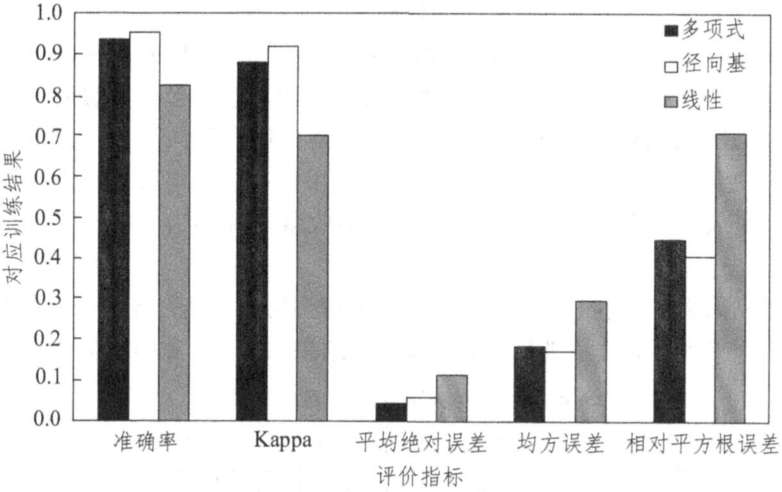

图 6-8 不同核函数的 M-SVM 验证结果

由图 6-8 可知，径向基核函数 M-SVM 的分类准确率和 Kappa 值分别为 0.958 和 0.921，明显大于线性核函数 M-SVM 和多项式核函数 M-SVM 的对应结果。而通过对比 3 类核函数的误差分析结果发现，以径向基函数为核函数构建的支持向量机的均方根误差和相对平方误差都处于最低水平，平均绝对误差略高于多项式核函数。综合对比可知，选用径向基函数作为驾驶模式决策模型的核函数是合理并且有效的。

6.4.3.2 不同算法决策结果对比

为了测试使用遗传算法优化参数后的 M-SVM 驾驶模式的决策精度，本研究选用 ID3 决策树、径向基（RBF）神经网络和未优化的 M-SVM 作为对比算法。下面对径向基神经网络和 ID3 决策树算法进行简要介绍：

径向基神经网络[111]：RBF 神经网络是 Moody 和 Darken 等人于 1988 年提出的一种新型神经网络结构，其网络结构属于前向型神经网络，能够以任意精度逼近任意连续函数，所以该方法提出后在人工智能领域很快得到了非常广泛的应用。RBF 神经网络的结构主要包括输入层、隐含层和输出层。其中，输入层是由信号源节点构成；隐含层中隐单元的数量是根据问题的需要而定的，其变化函数为非负非线性函数；最后一层为输出层，其作用是对输入模式进行相应输出。RBF 神经网络的基本原理是：将 RBF 函数作为因单元的“基”构造隐含层空间，当 RBF 函数的中心点确定后，输入矢量到隐空间的映射关系也就确定了。而隐含层空间到输出之间的映射关系是线性的，即输出层的输出是隐单元输出的线性加权和。

ID3 决策树[111]：ID3 算法是由 Ross Quinlan 等人提出的一种决策树算法。其基本思想是通过信息增益来度量属性选择，进行选择分裂后得到的信息增益最大的属性进行再次分裂，该算法是采用自顶向下的搜索方法遍历所有的决策状态空间。该算法的优点是使用简单、结构清晰且学习能力强，缺点是表达复杂概念难度较大，可能会收敛于局部最优解而错失全局最优解。

本研究从所有样本中随机抽取 80%作为模型的训练集，将剩余的 20%作为测试集，得到不同算法进行驾驶模式决策结果如表 6-4 和图 6-9 所示。

表 6-4 不同决策算法的测试结果

驾驶模式		训练组			准确率	测试组			准确率
		A	B	C	/%	A	B	C	/%
ID3	A	134	5	3	84.2	25	0	1	78.1
	B	5	54	0	84.4	2	17	0	77.3
	C	2	0	24	88.9	0	0	5	83.3
	总体准确率/%	55.8	22.5	10	88.3	41.7	28.3	8.3	78.3
RBF 神经网络	A	143	3	3	96.0	32	0	0	100
	B	7	55	2	85.9	3	17	2	77.3
	C	4	1	22	81.5	1	0	5	83.3
	总体准确率/%	59.6	22.9	9.2	91.7	53.4	28.3	8.3	90
M-SVM	A	144	5	0	96.6	31	1	0	96.9
	B	5	59	0	92.2	4	17	1	77.3
	C	5	5	17	63.0	1	1	4	66.7
	总体准确率/%	60	24.6	7.1	91.7	51.7	28.3	6.7	86.7

续表

驾驶模式		训练组			准确率/%	测试组			准确率/%
		A	B	C		A	B	C	
优化后M-SVM	A	144	4	1	96.6	32	0	0	1
	B	2	62	0	96.9	3	18	1	81.8
	C	3	2	22	81.5	1	0	5	83.3
	总体准确率/%	60	25.8	9.2	95.0	53.4	30	8.3	91.7

注：A——人工驾驶；B——警示辅助驾驶；C——自动驾驶；总体准确率表示正确决策的驾驶模式占总样本的比例，各模式准确率求和即为总体准确率。

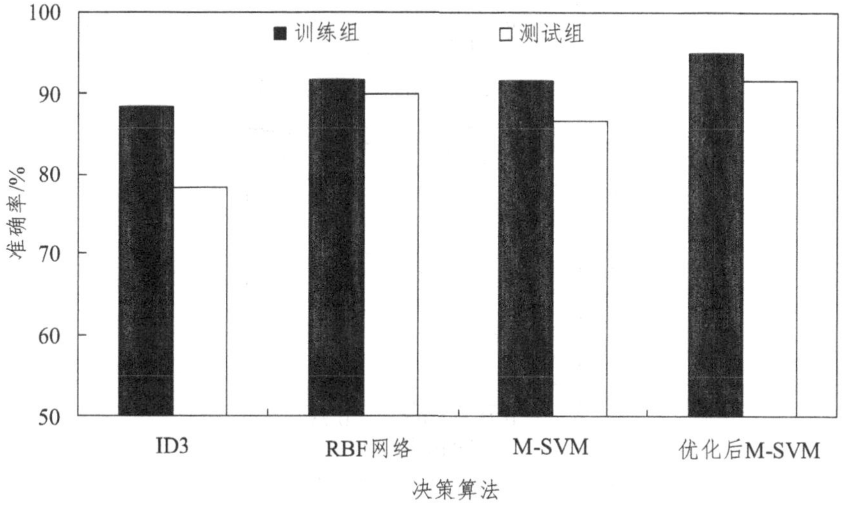

图 6-9　不同算法决策准确率分析

根据表 6-4 和图 6-9 可知，以车速、车头时距、加速度、前轮转角标准差、驾驶经验和车道中心距 6 项指标为驾驶模式决策特征向量，并且使用遗传算法优化的多分类支持向量机能够有效地对智能车驾驶模式进行正确决策，虽然在表 6-4 中，ID3 决策树算法对于自动驾驶模式决策准确度达到 0.889，但是考虑到在训练过程中其缺失的样本数量达到 13 个，综合分析可知，遗传算法优化后的 M-SVM 的决策效果优于 ID3 决策树、RBF 神经网络和优化的 M-SVM 算法。

图 6-10（a～c）中，粗实线表示 ROC 曲线，细实线为参考线，其函数为，由此可知，3 种模式下的 ROC 曲线都逼近完美曲线。经计算得出，3 种不同驾驶模式下 AUC 的值[见图 6-10（d）]分别为 0.918、0.91 和 0.929。而研究表明，当 AUC 的值越接近于 1 时，其预测效果就更加理想。由此可见，本研究所构建的决策模型具有较高的预测精度。

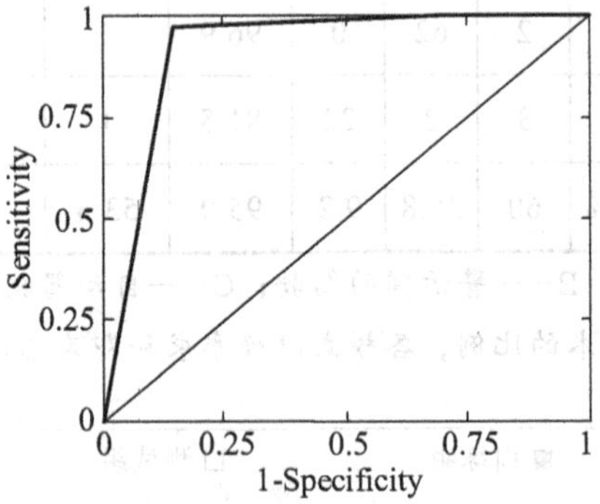

（a）人工驾驶对比警示辅助驾驶/自动驾驶

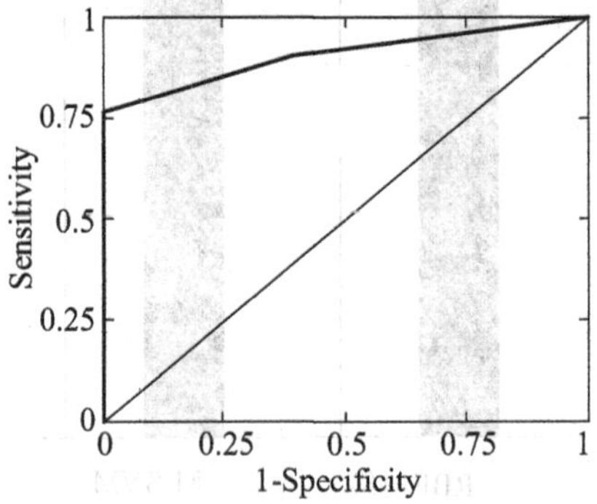

（b）警示辅助驾驶对比人工驾驶/自动驾驶

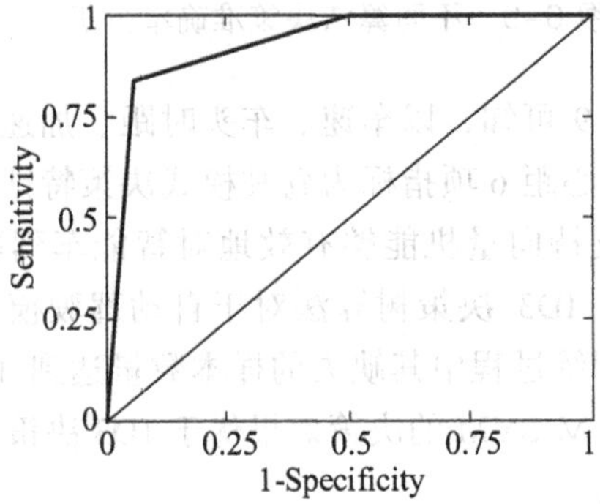

（c）人工驾驶/警示辅助驾驶对比自动驾驶

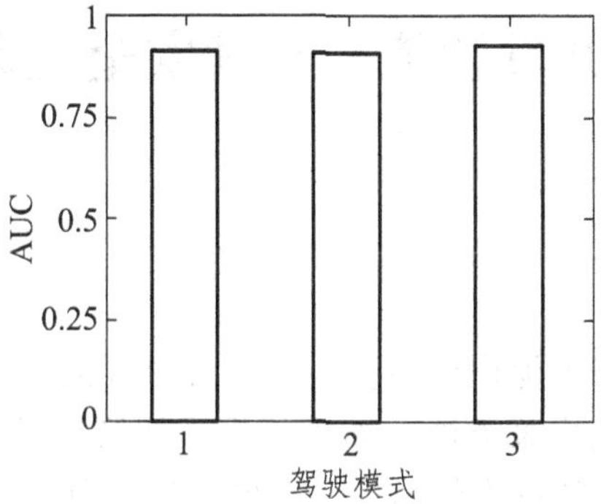

（d）ROC 曲线下面积

图 6-10　优化后 M-SVM 的 ROC 验证结果

7 人机共驾智能车行驶安全性评估方法

第 6 章中构建了基于优化后的多分类支持向量机（M-SVM）的人机共驾智能车系统驾驶模式决策方法，而进行模式切换后是否有利于提高行车安全性和规范驾驶人驾驶行为依然是一个值得深入研究的问题[112]。因此，本章研究的重点集中在当决策模型提出模式切换需求或者进行车辆接管后，驾驶人状态及车辆行驶安全性的变化。采用驾驶人注视特性的变化、加速踏板和制动踏板深度变化等指标表征该过程中的行为特性和安全特性。在此基础上，采用贝叶斯网络（BN）构建不同模式组合下驾驶安全性评价模型。

7.1 引 言

人机共驾智能车系统驾驶模式的切换是一个复杂的过程，对驾驶人状态、车辆运动状态、交通流状态及周边车辆运行状态等多方面都会产生较大影响。由于驾驶人和被控车辆是驾驶模式切换影响的直接承受体，所以本章中着重研究模式切换对二者的影响。同时，考虑到目前的智能车发展水平及现状，当前研究以人工驾驶为主，在极端情况下进行辅助警示或者自动驾驶具有较高的实际意义，所以本章的研究对象包括人工驾驶、人工驾驶切换至警示辅助驾驶、人工驾驶切换至自动驾驶。三种模式之间的切换决策过程如图 7-1 所示。

传统的安全辅助驾驶系统主要通过两种方式来进行车辆的紧急避险。第一种方式为声音或者其他方式进行报警，这种方式多单纯依靠车速或者车间距等进行安全状态判断，如以色列的 Mobileye 系统是通过融合车道偏离距离和当前车速对车辆横向状态进行估计。当出现车道偏离或者占道行驶时，系统通过发出“嘀嘀嘀”的报警音对驾驶人进行警示[113]。另外还有一种方式是通过自动控制车辆的制动踏板来达到安全行驶的目的，如现有的一些车辆安全辅助驾驶系统通过对车头时距进行检测，当车头时距小于设定的阈值时，系统通过自动减速来进行紧急避险。但是单纯地基于某一指标进行主动安全预警或控制无法充分地考虑复杂的交通环境，难以有效地达到安全辅助驾驶的目的。如果能够综合考虑来自横向、纵向及驾驶人自身等多方面因素，则可以提高在实际道路环境下车辆安全预警及控制的有效性。另外，现有的安全辅助驾驶系统通常只包含两种驾驶模式（人工驾驶和辅助警示驾驶），随着自动驾驶相关技术的快速发展，车辆具备自动驾驶功能将是一个必然的发展趋势。但是现阶段全自动驾驶的普及与现实的交通条件还存在较大的差距，采用人机共驾智能车系统对车辆行驶安全性及交通通行效率将有很大的帮助。

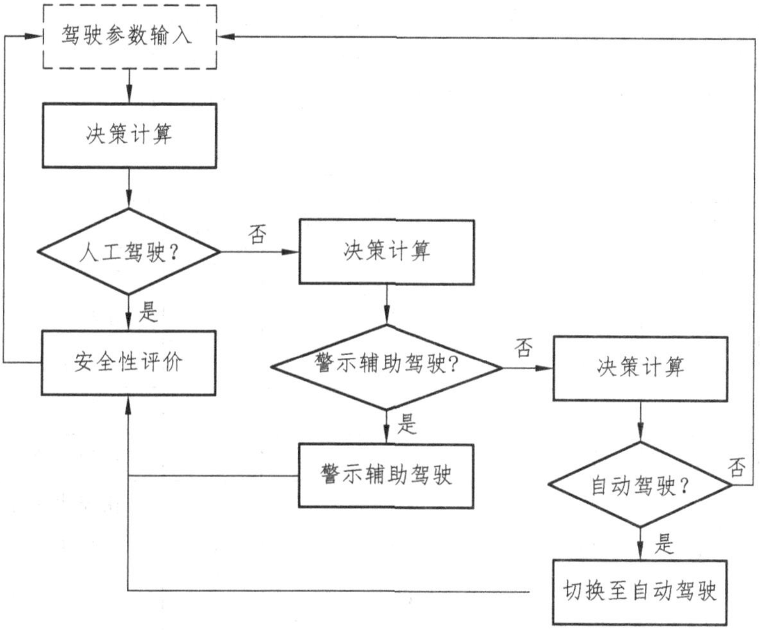

图 7–1　不同驾驶模式的切换决策过程

为了验证不同驾驶模式切换之间的车辆行驶安全性和驾驶行为特性，本章基于汽车驾驶模拟器设计了人机共驾智能车系统驾驶模式切换实验，并综合考虑第 6 章中提出的驾驶模式决策算法，将驾驶模式划分为 3 类。通过分析不同模式间切换时驾驶人的注视特性和操作特性对不同模式下驾驶的安全性进行评估。

7.2 不同驾驶模式切换实验

7.2.1 实验设计

1. 实验目的

该实验的目的在于通过分析 3 种不同模式（人工驾驶，人工驾驶+警示辅助驾驶，人工驾驶+警示辅助驾驶+自动驾驶）下驾驶人的视觉特性及操作特性，希望找到不同模式切换对行驶安全性及驾驶行为的对应影响关系，从而为人机共驾智能车的设计提供依据。

2. 被试选择

5 名职业驾驶人及 10 名在校大学生参加了实验，被试的平均年龄为 31.47 岁（标准差为 6.79 岁），其中女性 3 名，男性 12 名，平均驾龄为 7.53 年（标准差为 4.40 年）。被试完成实验后均可获得少量酬劳。试者信息如表 7-1 所示。

表 7-1　被试信息表

序号	性别	年龄	拥有驾驶证的类型	驾龄	备注
1	男	22	C1	2	在校大学生
2	男	23	C1	2	在校大学生
3	男	28	C1	5	在校大学生
4	男	30	C1	7	在校大学生
5	男	25	C1	3	在校大学生
6	男	29	C1	3	在校大学生
7	女	32	C1	9	在校大学生
8	女	26	C1	4	在校大学生
9	男	28	C1	5	在校大学生
10	男	35	C1	4	在校大学生
11	男	36	C1	10	职业驾驶人
12	男	32	A1	9	职业驾驶人
13	男	39	A1	12	职业驾驶人
14	男	43	C1	16	职业驾驶人
15	男	44	C1	12	职业驾驶人

3. 实验场景设计

本次实验主要是为了验证不同驾驶模式切换对行驶安全性的影响，所以要求设计的交通场景尽量简单，降低其他因素的干扰。实验场景包括静态交通环境和动态交通事件两部分。

（1）静态交通环境：晴天，路面干燥，道路类型为双向 4 车道城市道路，道路为南方某一城市的实际道路，全长 10 km 且基本为平直路段，道路两侧为商业楼，机动车道与非机动车道之间有绿化带分隔，沿途交通标志标牌及路边设施按照道路设计规范进行设计。

（2）动态交通事件：主车以高于 60 km/h 的车速行驶，驾驶中会随机出现低速行驶的车辆或者障碍物，需驾驶人采用避让或者制动等驾驶操作。其中一个典型的遭遇场景可描述为：当主车行驶至特定路段时前方突然出现干扰车辆，且该车辆保持低速行驶，另一车道也有车辆与前方干扰车辆并行，主车需通过制动来避免发生碰撞，具体的场景示意图如图 7-2 所示。

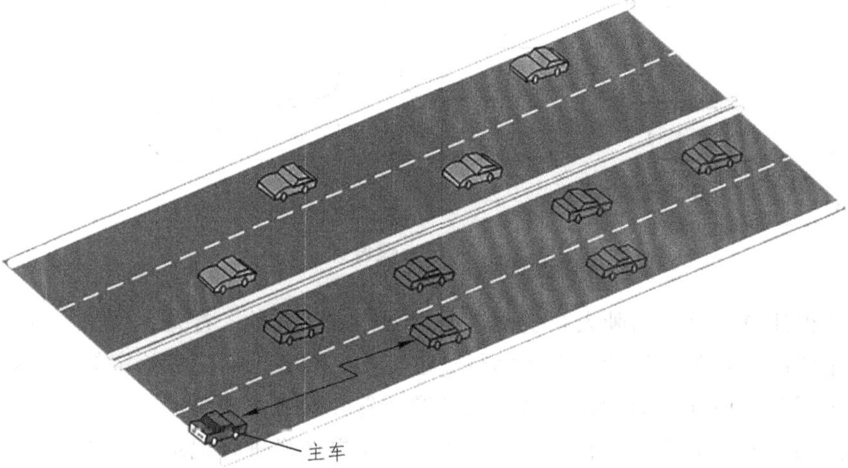

图 7–2 实验场景示意图

在图 7-2 中，深色车辆为同向行驶车辆，浅色车辆为对向行驶车辆。

4. 实验过程设计

每个驾驶人需在同一路段驾驶 3 次。第一次为全人工驾驶，即在模拟驾驶过程中，车辆完全由被试操作，不提供任何警示或者辅助驾驶。第二次为特定场景下的警示辅助驾驶，即在特殊交通场景下，通过进行警示或者报警，提示驾驶人规避潜在的风险。第三次为自动辅助驾驶，即在极端危险情况下，通过接管驾驶人控制权来实现车辆的安全行驶。实验的具体步骤如图 7-3 所示。

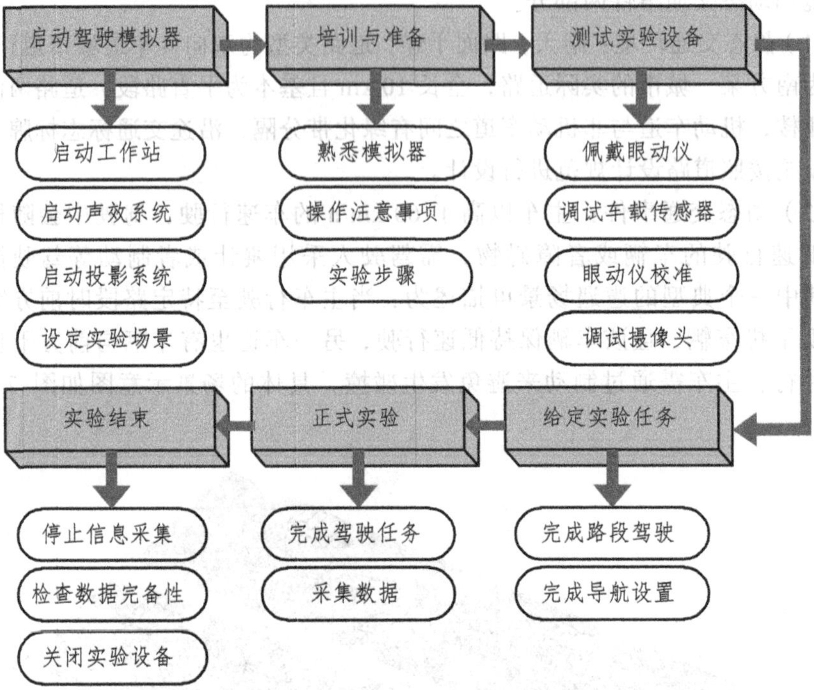

图 7–3　实验步骤设计

值得注意的是，驾驶人在实验过程中需完成双任务。首先，驾驶人需完成指定路段的驾驶；然后，在车辆行驶过程中，驾驶人需完成给定的手机导航设置任务，该任务的设计原因是为了增加驾驶险态出现的可能性，进而增加模式切换发生的概率。整个驾驶过程将采用摄像机进行记录，以便于进行后期实验数据的分析处理。

7.2.2　数据采集

实验中的驾驶人注视特性数据采用第 3 章中介绍的眼动仪进行采集。根据 Hughes 和 Cole 等人的研究结果[114]，将驾驶人的注视范围分为 5 个区域（见图 7-4），其中，区域 1 为中心区域，该区域面积为半径为 30 cm 的圆形，主要覆盖的视觉范围为前方道路。区域 2 为左后视镜区域，其视觉范围包括左后视镜、左方车门、左前方偏离中心道路等位置。区域 3 为右后视镜区域，其视觉范围为右后视镜、右侧车门、右前方偏离中心道路等位置。区域 4 为天空区域，其视觉范围包括前方高于道路位置、车内后视镜等。区域 5 位车内装置区域，其视觉范围包括车载收音机、空调、挡位、转向盘、制动踏板、加速踏板等位置。通过跟踪实验过程中驾驶人注视点的移动特性，能够基本实现对驾驶人当前注视特性及驾驶状态的分析。

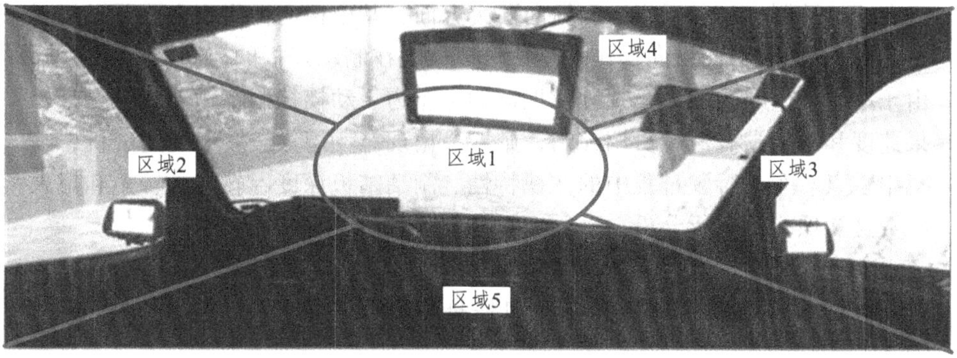

图 7-4　驾驶人注视区域划分

7.3　实验结果分析

车辆行驶过程中，行车安全性主要由驾驶状态感知和驾驶操作结果两方面因素决定，其关联关系模型如图 7-5 所示。

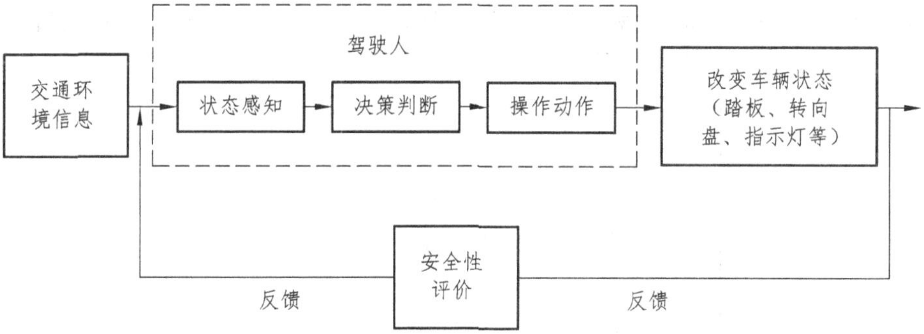

图 7-5　行车安全性关联框架模型

由图 7-5 可知，在某一特定行驶时间内，驾驶人首先需要对当前的交通环境信息进行状态感知，然后根据经验作出决策判断，进而采取相应的操作动作，而这一系列的操作动作将以车辆的行驶状态的改变而得到体现。在这一过程中，状态感知主要是通过驾驶人的视觉、感觉、听觉、触觉等来实现，其中驾驶人的视觉的影响尤为重要，所以在本章中采用驾驶人注视特性对状态感知进行评价。而操作动作主要体现为对转向盘、加速踏板、制动踏板、离合踏板、挡位、指示灯等装置的控制方面。通过查阅文献可知，驾驶人对于车辆的控制主要包括横向和纵向两个方面，其中横向操作安全性可以体现在转向盘控制上，而纵向操作安全性可以体现在制动踏板的控制上[115]。另外，由于本研究中采用的汽车驾驶模拟器的主车为手动挡控制车辆，其特点是如果速度和制动没有进行协调控制，则容易出现车辆熄火。基于上述分析，本章中重点对车辆行驶过程中的注视特性、制动踏板深度、转向盘转角和熄火次数这4项指标进行分析。

7.3.1 不同驾驶模式下注视特性分析

注视特性不仅能够反映驾驶人的驾驶习惯，而且能够为车辆行驶安全性评价提供重要依据。所以，本章中首先对驾驶人在人工驾驶、人工驾驶+警示辅助驾驶、人工驾驶+警示辅助驾驶+自动驾驶模式下的注视特性进行统计分析。图7-6所示为15组数据样本在不同驾驶模式下的注视点分布情况。其中A表示车辆只能进行人工驾驶，A+B表示车辆包含人工驾驶模式和警示辅助驾驶模式，A+B+C表示车辆包含了人工驾驶、警示辅助模式和自动驾驶三种模式。

由图7-6可知，在3类不同模式情况下，驾驶人的注视点分布情况出现一定差异性。三者之间注视特性的差异主要集中在道路中心区域和车内装置

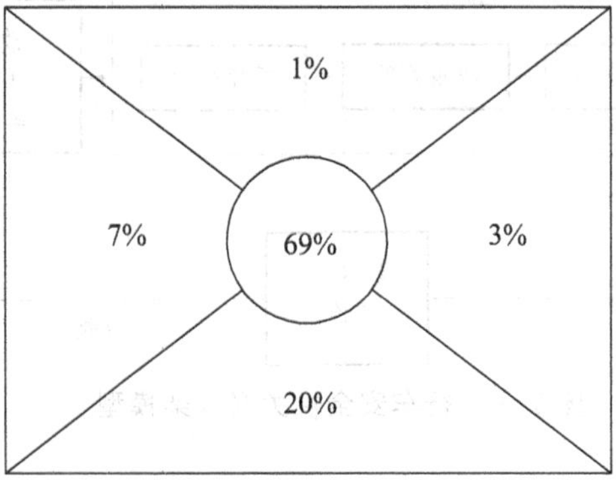

（a）A模式下注视特性

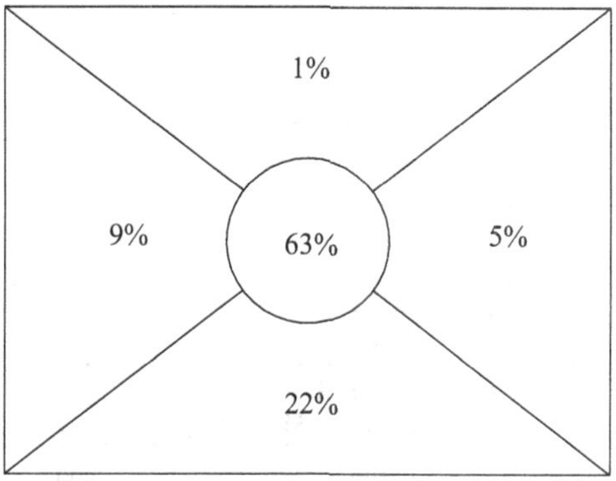

（b）A+B 模式下注视特性

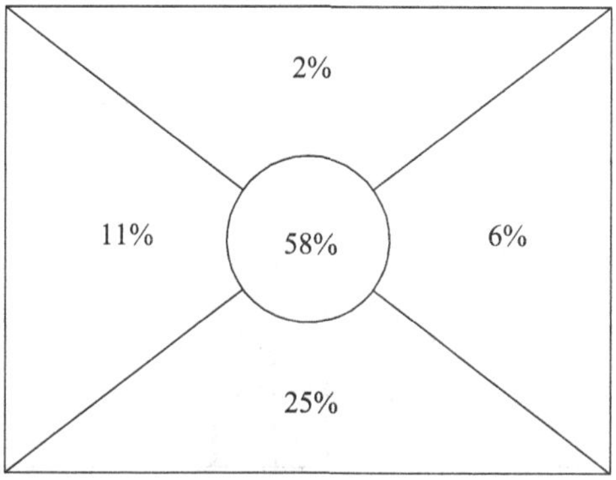

（c）A+B+C 模式下注视特性

图 7-6　不同驾驶模式下注视特性分析

区域，相较于其他两种模式，在 A+B+C 模式下，驾驶人对道路区域注视的次数最少，而对车内装置区域（手机、收音机等装置）的注视点分配的比率更高。在 A 模式下，驾驶人往往会更加关注前方道路的情况，对其他区域的关注相对而言较少。

7.3.2　不同驾驶模式下操作特性分析

实验中制动踏板深度是通过拉力传感器的量程变化来获取，为统计方便，将制动踏板深度值按每秒取均值的方法进行数据收集并绘制成图像，进行直观的比较。图 7-7 所示为实验中一组数据样本的制动踏板深度随时间变化的统计结果。

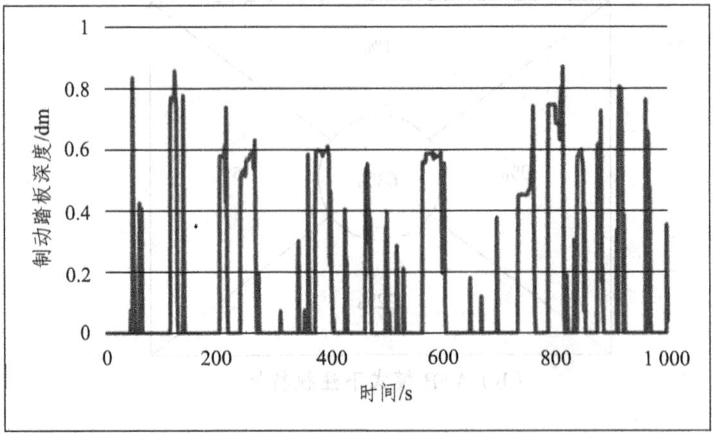
1
0.8
0.6
0.4
0.2
0
制动踏板深度/dm
0
200
400
600
800
1 000
时间/s

（a）A

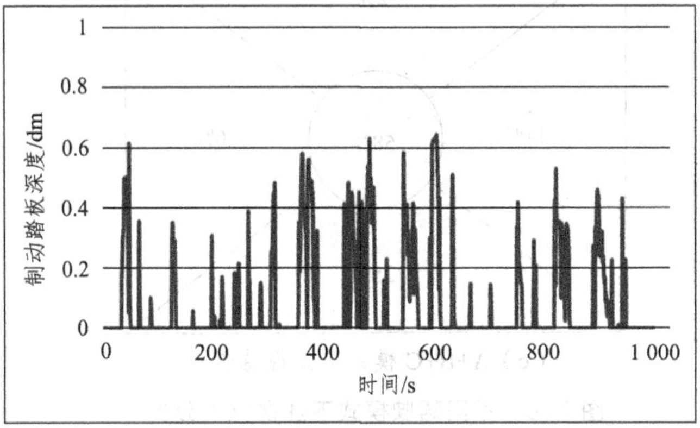
1
0.8
0.6
0.4
0.2
0
制动踏板深度/dm
0
200
400
600
800
1 000
时间/s

（b）A+B

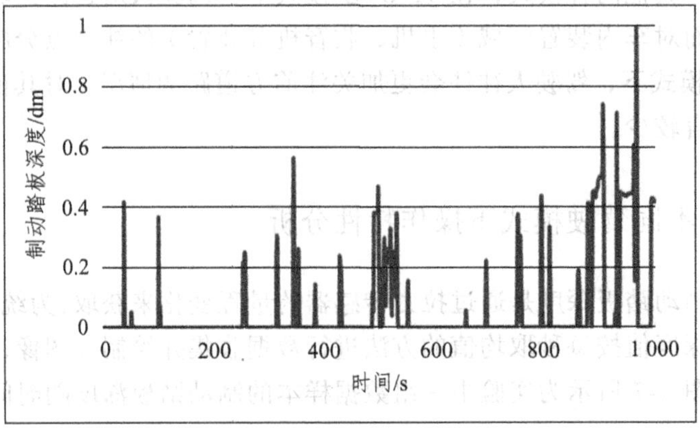
1
0.8
0.6
0.4
0.2
0
制动踏板深度/dm
0
200
400
600
800
1 000
时间/s

（c）A+B+C

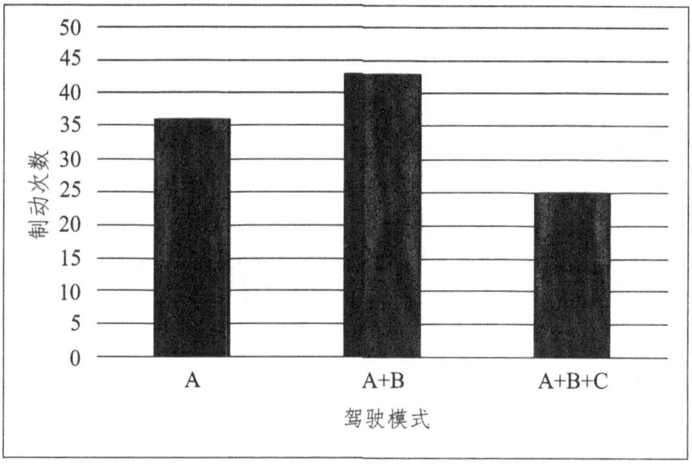

（d）不同驾驶模式下制动次数

图 7–7　不同驾驶模式下制动变化特性分析

图 7-7 中的数据特征变化特征表明，该名驾驶人在三种不同的驾驶模式组合条件下，制动踏板的使用频率和踏板深度存在较大的差异性。由图 7-7 可知，当车辆只具有人工驾驶模式时，其制动的频率和制动时制动踏板深度要高于其他两种模式组合；车辆具备人工驾驶模式和警示辅助驾驶模式时制动踏板深度相对来说较小，而当车辆具备三种驾驶模式时，采取刹车操作的次数最少。由图 7-7（d）可以直观地发现：该驾驶人在三类不同驾驶模式实验过程中制动的次数分别为 36、43 和 25。由此可见，当车辆具备人工驾驶、警示辅助驾驶和自动驾驶三种模式时，驾驶人制动次数将减少。

由图 7-8 可知，转向盘转角在驾驶人处于 B 模式下变化比较平缓，其变化的最大值小于 20°，而在 A 模式下出现转向盘转角值大于 30°的次数明显多于其他两种驾驶模式组合。根据视频和驾驶过程自我描述可知，转向盘转角出现剧烈变化的原因是驾驶人在进行其他任务时，忽略了对当前交通环境的监测。在 A 模式下，驾驶人只能通过剧烈转向来规避事故的发生。而在 C 模式组合方式下，当自动切换的条件被触发时，车辆本身就已经处于危险状态中，自动驾驶模式有时可能需采用极端的方式来避免交通事故的发生。而在 B 模式下，由于能够提供辅助预警，所以绝大多数的危险情况警示系统都会向驾驶提供警示，所以剧烈的驾驶操作出现的可能性较小。

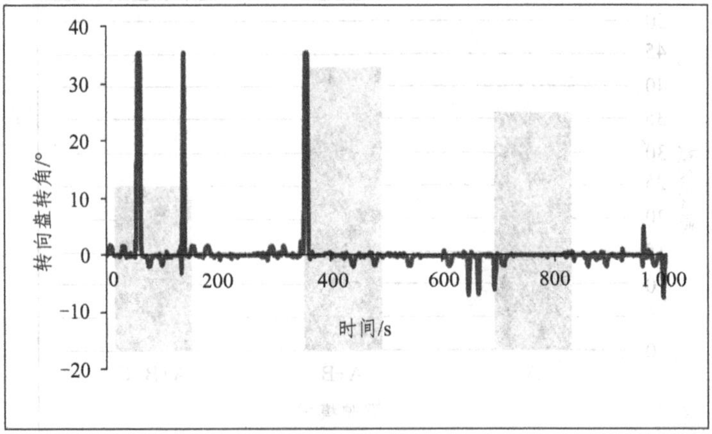

（a）A

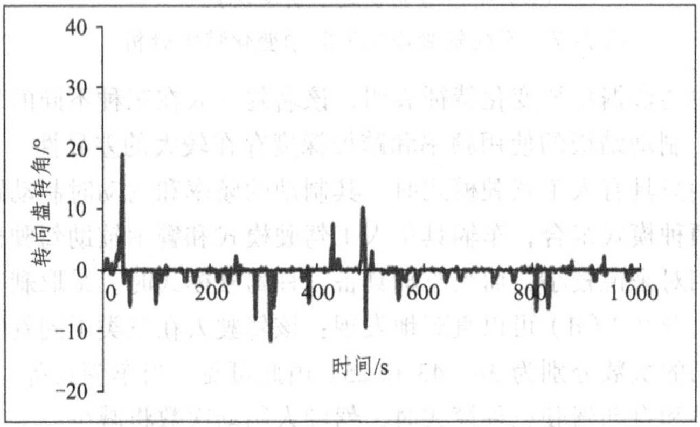

（b）A+B

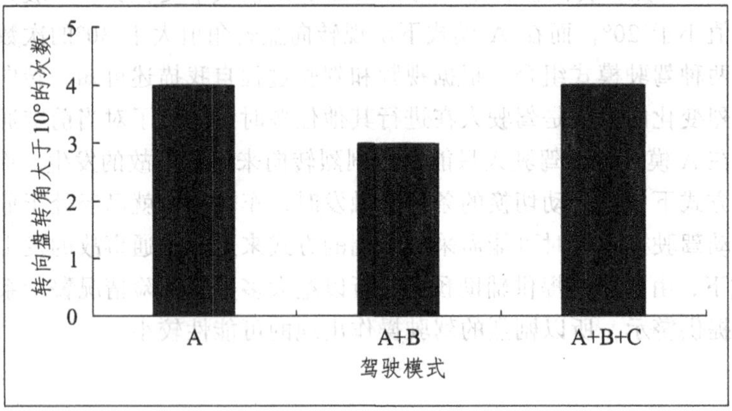

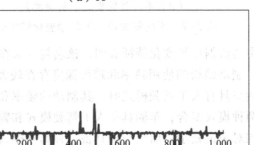

（c）A+B+C

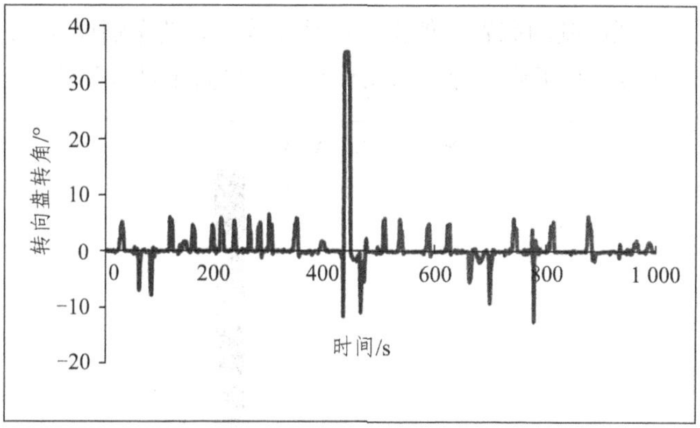

（d）转向盘转角值大于 10°的次数

图 7-8　不同驾驶模式下转向盘转角变化特性分析

为了能够进一步分析 3 类不同驾驶模式下的车辆行驶安全性，采用交通事故次数、车辆熄火次数、驶出道路次数、紧急制动次数和紧急转向次数 5 项指标进行评价。其中交通事故数、车辆熄火次数和驶出道路次数能够直接通过在驾驶模拟器的数据采集系统中获取，而紧急制动和紧急转向则利用式（7-1）和（7-2）计算得出。

$$\Delta d = d_t - d_{t-1} \tag{7-1}$$

$$\Delta \theta = \theta_t - \theta_{t-1} \tag{7-2}$$

式中，d_t 为当前时刻制动踏板深度；d_{t-1} 为前一时刻制动踏板深度；Δd 为当前时刻制动踏板深度与前一时刻制动踏板深度的差值；θ_t 为当前时刻转向盘转角值；θ_{t-1} 为前一时刻转向盘转角值；$\Delta\theta$ 为当前时刻转向盘转角与前一时刻转向盘转角的差值。通过多次试验测试，在城市平直路段行驶过程中，当 $\Delta d \geqslant 0.5$ dm 时，则认为该制动行为为紧急制动；当 $\Delta\theta \geqslant 20°$ 时，则认为该转向行为为紧急转向。

基于上述计算公式和统计分析得出不同驾驶模式下 5 项指标的变化结果，如图 7-9 所示。

根据图 7-9 可知，采用人工驾驶+警示辅助驾驶+自动驾驶模式（A+B+C）能够有效地降低交通事故、驶出道路、紧急转向等事件次数的发生，而该模式下熄火次数和紧急制动次数略高于 A+B 模式时。究其原因是进行自动驾驶接管往往是出现极端危险的情况，此时更容易进行的操作就是紧急制动，而 A+B 模式下只提供警示，不会进行紧急制动等辅助，所以 A+B+C 模式下出现紧急制动的次数高于 A+B 模式下。此外，因为在进行自动驾驶接管时，由于操作方式发生了较大变化，剧烈的制动或者其他操作容易导致手动挡车辆熄火。总而言之，采用 A+B+C 驾驶模式对车辆进行控制能够有效地提高车辆行驶的安全性。

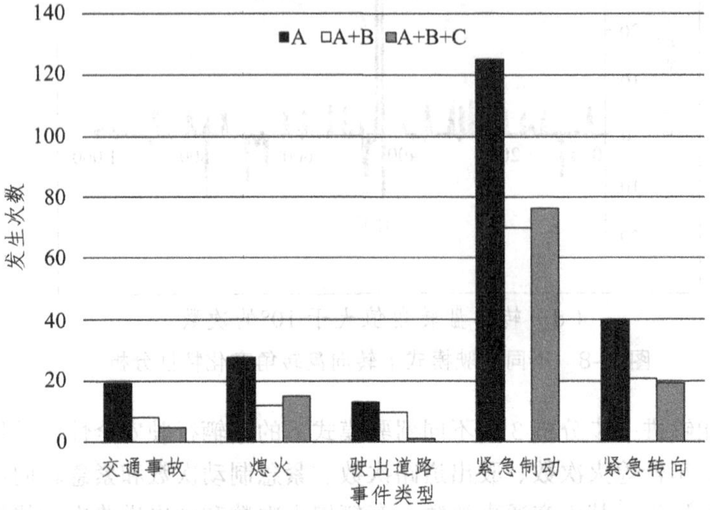

图 7-9　不同驾驶模式下不同交通事件出现的次数

7.4　人机共驾智能车系统驾驶安全性评价模型

7.4.1　贝叶斯网络

贝叶斯网络模型的构建主要包括 3 个步骤：

（1）确定变量集和变量域；

（2）确定贝叶斯网络的结构；

（3）确定节点的先验概率和条件概率。

其中变量集和变量域的确定可通过查阅文献和经验获得。这样贝叶斯网络模型构建的核心问题就转变为网络结构的确定和条件概率的计算[116]。

7.4.1.1　基于互信息的贝叶斯网络结构学习

假设训练集 D 为完整数据集，其中节点和其父节点之间的关系为独立的，则贝叶斯网络结构可以按照图 7-10 所示的流程进行确定。

在图 7-10 中，a_i 和 a_j 为属性变量，U 为属性集合，C_i 为类属性，e_1、e_2 和 e_3 为决定训练集的误差值，$I(a_i,a_j)$ 为属性 a_i 和 a_j 之间的互信息值，$I(a_i,C)$ 为属性 a_i 和类属性 C_k 之间的互信息值，$I(a_j,C)$ 为属性 a_j 和类属性 C_k 之间的

互信息值，$I(a_i,a_j|C)$ 为当 C 已知时 a_i 和 a_j 的互信息。如果假设 a_i、a_j 和 C_i 之间的关系为独立的，则互信息计算公式为

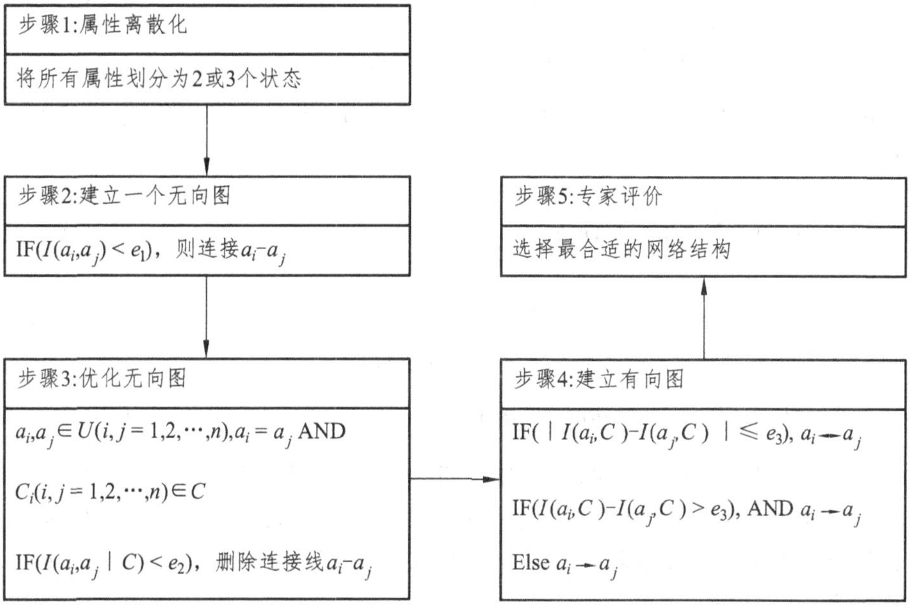

图 7-10　贝叶斯网络结构学习方法

$$I(a_i,a_j)=\sum_{i=1}^{r}\sum_{j=1}^{q}p(a_i,a_j)\log\left[\frac{p(a_i,a_j)}{p(a_i)p(a_j)}\right] \tag{7-3}$$

$$I(a_i,a_j|C_k)=\sum_{i=1}^{r}\sum_{j=1}^{q}\sum_{k=1}^{s}p(a_i,a_j,c_k)\log\left[\frac{p(a_i,a_j|c_k)}{p(a_i|c_k)p(a_j|c_k)}\right] \tag{7-4}$$

式中，r，q，s 为属性 a_i、a_j 和 C_i 的状态个数；$p(a_i,a_j,c_k)$ 为状态 (a_i,a_j,c_k) 的先验概率。另外，互信息值一般都大于 0[117]。

7.4.1.2　条件概率计算方法

根据传统的贝叶斯概率公式，可得到优化后的贝叶斯公式：

$$p(A_i|B_i)=\frac{p(B_i|A_i)p(A_i)}{p(B_i)} \tag{7-5}$$

考虑到每个变量都包含多个不同的状态，如父节点 A 包含 n 个状态 $\{a_1,a_2,\cdots,a_n\}$，而子节点 B 包含 m 个状态 $\{b_1,b_2,\cdots,b_n\}$。所以，A 和 B 的条件概率为

$$p(a|b)=\begin{bmatrix} p(a_1|b_1) & p(a_1|b_2) & \dots & p(a_1|b_m) \\ p(a_2|b_1) & p(a_2|b_2) & \dots & p(a_2|b_m) \\ \vdots & \vdots & & \vdots \\ p(a_n|b_1) & p(a_n|b_m) & \dots & p(a_n|b_m) \end{bmatrix} \tag{7-6}$$

由于变量 A 和 B 之间的关系为独立的，则边缘概率能够采用式（7-7）进行求解。

$$p(a_m)=\sum_{j=1}^{n}p(a_m|b_j)p(b_j) \tag{7-7}$$

假设行驶安全状态为 a_m，它拥有两个父节点，感知水平和判断水平，其中感知水平状态为 b_i，判断水平状态为 b_j，则：

$$p(b_i,a_m,b_j)=p(b_i)p(a_m|b_i,a_m)p(b_j) \tag{7-8}$$

当整个网络中的输入变量值确定后，网络中其他节点的值也能够随之确定，那么，可通过构建的贝叶斯网络计算特殊状态下所选择目标节点的概率[118]。同时，贝叶斯网络方法能够随着专家数据和历史数据的更新和添加对网络中的条件关系进行更新。

7.4.1.3 敏感性分析

贝叶斯网络模型的检验一般都采用敏感性分析，其中，输入变量与目标变量之间的敏感性采用行为敏感性方法，而网络节点参数的敏感性则可用于验证父节点条件概率的变化对子节点参数变化的影响，进而对所构建贝叶斯网络模型的合理性和可靠性进行验证[119]。

假设 A 是网络中的节点变量，$a_i(i=1,2,\cdots,n)$ 是 A 节点的状态。对于给定条件 ε 下 A 节点的 a_i 状态的条件概率可以表示为

$$P(A=a_i|\varepsilon)$$

假设 B 是 A 节点的父节点，$b_j(j=1,2,\cdots,m)$ 是 B 节点的状态，x 表示 B 节点 b_j 的条件概率值。A 节点的条件概率可以用 x 的线性函数行表示。

$$f(x)=P(A=a_i|\varepsilon)=\alpha_i+\beta_j \tag{7-9}$$

式中，α_i 和 β_j 分别为线性函数的斜率和截距。在 B 节点 b_j 状态的影响下，A 节点 a_i 状态的敏感性指数 S_A 可以按照式（7-10）进行计算。

$$S_A=f'(x)=\alpha_i \tag{7-10}$$

在 B 节点各个状态 $b_j(j=1,2,\cdots,m)$ 影响下，A 节点 $a_i(i=1,2,\cdots,n)$ 平均敏感性指数 $\overline{S_A}$ 可以按照式（7-11）进行计算。

$$\overline{S_A}=\frac{\sum_{i=1}^{n}|\alpha_i|}{n} \tag{7-11}$$

考虑到贝叶斯网络在建模中的种种优势，市场上逐渐出现了较多的专门用于进行贝叶斯网络建模的商用软件。其中，Hugin 作为典型的代表得到了较为广泛的应用，其优点是建模方法简单、界面操作容易且功能强大。另外，在该软件中进行算法的更新非常方便[120]。基于此，本研究采用 Hugin 软件对行驶安全性进行评价。

7.4.2 驾驶安全性评估模型的构建

7.4.2.1 节点变量选取

驾驶安全性主要是由行驶过程中驾驶人的感知水平、判断水平和决策动作三方面因素决定的。其中，感知水平主要是通过驾驶人对存在风险源的注视特性进行评价的，包括注视点分配和注视时效性两个观测指标。判断水平是由驾驶人经验水平决定的，其评价指标包括驾龄和驾驶里程。决策动作则主要是通过横向操作和纵向操作两方面来体现，可用踏板和转向盘的变化来评估[121]。各指标的具体含义如表 7-2 所示。

表 7–2 节点变量标识

变 量	对应标识	变量状态	备 注
注视点分配	StareTarget	0（合理）、1（不合理）	主要考查驾驶人是否准确跟踪注视目标
注视时效性	Staretime	0（准确）、1（不准确）	主要反映行驶过程中驾驶人注视是否及时
驾龄	Age	0（长）、1（短）	驾驶人获得驾驶证的时间
驾驶里程	Distance	0（长）、1（短）	驾驶人总共驾驶的距离
制动踏板深度	Brake	0（平缓）、1（剧烈）	主要反映车辆行驶过程中驾驶人进行制动的合理性

续表

变　量	对应标识	变量状态	备　注
转向盘变化率	Steering	0（平稳）、1（剧烈）	主要反映车辆行驶过程中驾驶人横向操作的合理性
感知水平	Perception	0（良好）、1（较差）	主要反映行驶过程中对存在风险源的感知水平
判断水平	Estimation	0（良好）、1（较差）	主要反映险态出现时，驾驶人的判断能力
决策动作	Decision	0（合理）、1（较差）	主要反映驾驶人合理避险的操作能力
驾驶安全性	Drivingstate	0（安全）、1（危险）	综合反映当前车辆行驶的安全性

表 7-2 所设计的 10 个变量将全部用于驾驶安全性评估的建模研究中。根据前人研究结果和数据调查，对所设计的变量的状态等级进行了划分。其中“注视点分配”“注视时效性”“驾龄”“驾驶里程”“制动踏板深度”“转向盘变化率”可根据其数据特征进行划分。其他变量的状态等级根据逻辑关系进行划分。

7.4.2.2　网络结构分析

本研究以 Hugin 作为建模软件平台。驾驶安全性评估贝叶斯网络模型利用得出的 10 个变量作为网络节点，以“驾驶安全性”为输出子节点，综合考虑专家经验和历史文献数据进行贝叶斯网络模型的构建，如图 7-11 所示。其中驾驶安全性评估贝叶斯网络模型节点之间的逻辑关系如表 7-3 所示。

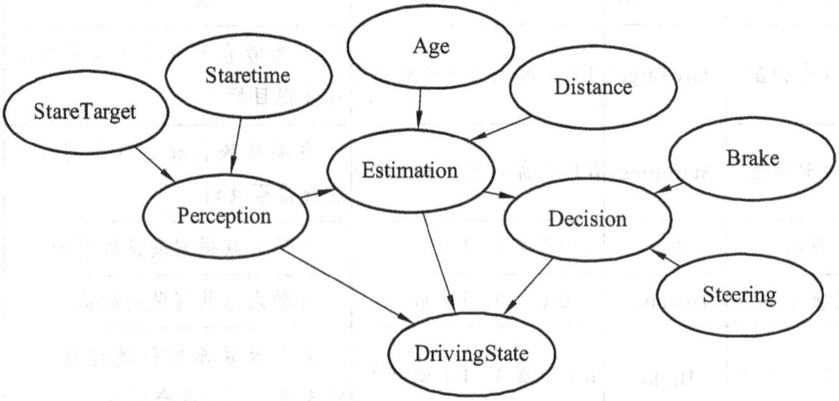

图 7-11　驾驶安全性评估贝叶斯网络模型结构

表 7-3　贝叶斯网络模型节点间逻辑关系

子节点	父节点
注视点分配	无
注视时效性	无
驾龄	无
驾驶里程	无
制动踏板深度	无
转向盘变化率	无
感知水平	注视点分配、注视时效性
判断水平	驾龄、驾驶里程、感知水平
决策动作	判断水平、制动踏板深度、转向盘变化率
驾驶安全性	感知水平、判断水平、决策动作

1. 感知水平

由于研究中采用的多为模拟驾驶实验，感知水平主要通过视觉感知来体现，所以本研究中将“注视点分配”和“注视时效性”这两个节点作为“感知水平”的父节点，在图 7-11 中箭头直接指向“感知水平”。

2. 判断水平

由于判断水平受感知水平和驾驶经验的影响，本研究根据专家意见将“驾龄”“驾驶里程”和“感知水平”三个节点作为“判断水平”的父节点，在图 7-11 中箭头直接指向“判断水平”。

3. 决策动作

由于驾驶操作结果一般是由制动和转向两方面特性直接决定的，而驾驶人或者机器根据当前交通环境进行正确决策也一定程度上会对操作结果产生影响，所以本研究将“判断水平”“制动踏板深度”和“转向盘变化率”这三个节点作为“决策动作”的父节点，在图 7-11 中箭头直接指向“决策动作”。

4. 驾驶安全性

根据图 7-6 所示的驾驶安全性关联模型可知，“感知水平”“判断水平”和“决策动作”会对驾驶安全性产生重大影响，所以本研究将这三个节点作为“驾驶安全性”的父节点，在图 7-11 中箭头直接指向“驾驶安全性”。

7.4.2.3　条件概率计算

驾驶安全性评估贝叶斯网络模型中，节点概率主要是结合实际采集的汽车驾驶模拟实验数据和专家意见整理分析获得。其中，“注视点分配”“注视时效性”“驾龄”“驾驶里程”“制动踏板深度”和“转向盘变化率”属于贝叶斯网络模型的根节点，不存在条件概率，根据实验数据，可近似得到其边缘概率，如表 7-4 所示。

表 7-4　贝叶斯网络模型中根节点先验概率

节点名称	状态等级	
	0	1
注视点分配	0.13	0.87
注视时效性	0.16	0.84
驾龄	0.33	0.67
驾驶里程	0.22	0.78
制动踏板深度	0.36	0.64
转向盘转化率	0.29	0.71

根据第 7.4.1 小节中介绍的网络节点条件概率计算方法，可得出节点“感知水平”“判断水平”和“决策动作”的条件概率，如表 7-5 ~ 表 7-7 所示。

表 7-5　贝叶斯网络模型中“感知水平”条件概率

注视点分配	0		1	
注视时效性	0	1	0	1
良好	0.96	0.78	0.69	0.07
较差	0.04	0.22	0.31	0.93

表 7-6　贝叶斯网络模型中“判断水平”条件概率

感知水平	0				1			
驾驶里程	0		1		0		1	
驾龄	0	1	0	1	0	1	0	1
良好	0.95	0.87	0.8	0.52	0.66	0.57	0.49	0.09
较差	0.05	0.13	0.2	0.48	0.34	0.43	0.51	0.91

表 7-7　贝叶斯网络模型中“决策动作”条件概率

判断水平	0				1			
转向盘变化率	0		1		0		1	
制动踏板深度	0	1	0	1	0	1	0	1
良好	0.98	0.84	0.8	0.7	0.6	0.48	0.42	0.2
较差	0.02	0.16	0.2	0.3	0.4	0.52	0.58	0.8

根据表 7-4 ~ 表 7-7 中边缘概率分布和条件概率，采用第 7.4.1 小节中介绍的贝叶斯推理公式，能够实现对驾驶安全性的评估。图 7-12 所示为当模型中“驾驶安全性”状态为危险时，其他节点的概率分布情况。

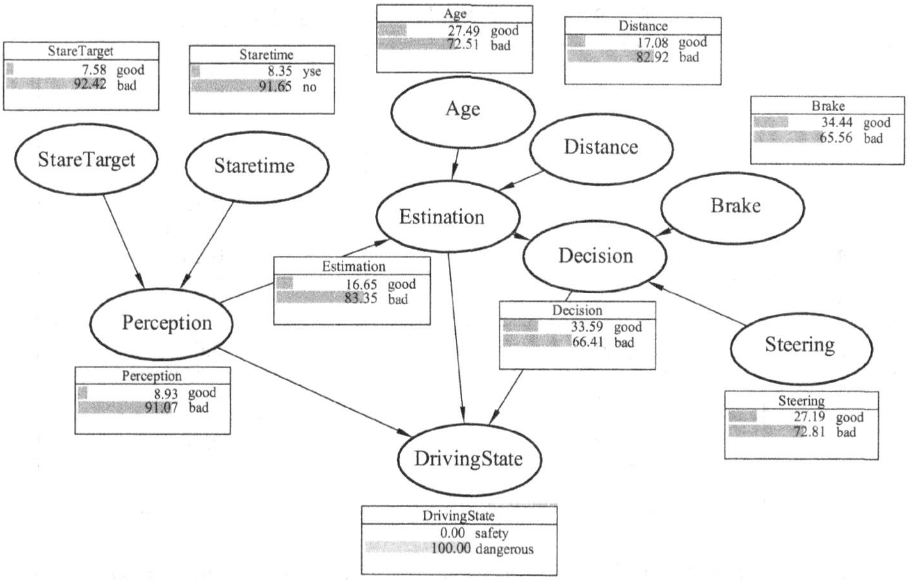

图 7-12　当“驾驶安全性”为危险状态时的节点概率分布

7.4.2.4　敏感性分析结果

根据第 7.4.1.3 小节所描述的贝叶斯网络敏感性分析方法，分析驾驶安全性评价模型中各状态变量对输出变量“驾驶安全性”的影响。根据式(7-9) ~ 式(7-11)，计算得出它们之间的敏感性关系如图 7-13 所示，并计算得出“危险驾驶状态”关联变量的敏感性指数的平均绝对值，如表 7-8 所示。

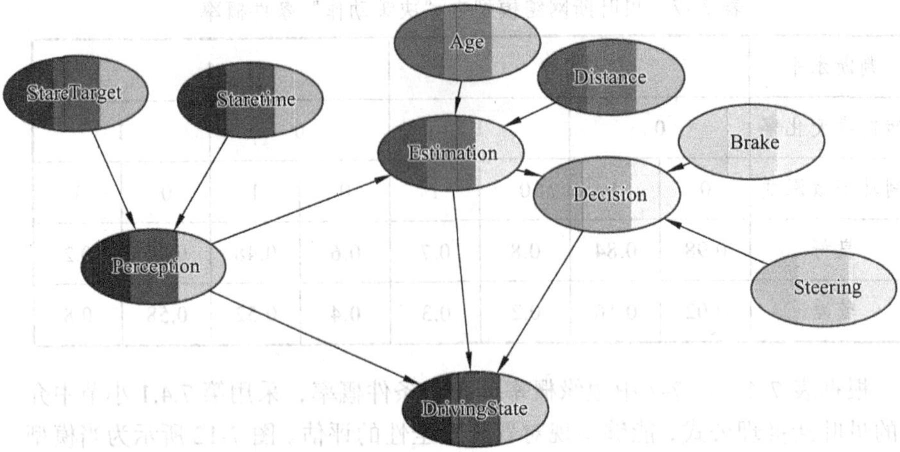

图 7-13　驾驶安全性评价模型变量间敏感性分析

表 7-8　“驾驶安全性”关联变量敏感性指数的平均绝对值

排序	变　量	敏感性指数平均绝对值
1	注视时效性	0.31
2	注视点分配	0.26
3	驾驶里程	0.16
4	驾龄	0.14
5	感知水平	0.12
6	转向盘变化率	0.05
7	判断水平	0.05
8	制动踏板深度	0.04
9	决策动作	0.03

由图 7-13 和表 7-8 可知，注视时效性、注视点分配、感知水平和驾驶里程对驾驶安全性有着重要的影响，这与前人研究中得出的结论相匹配。在驾驶过程中尤其是模拟驾驶实验过程中，能够实时地观察到存在的危险源对驾驶安全性有着巨大的影响，同时，驾驶人经验的不同也是导致最终是否发生危险驾驶的一个重要因素，而考虑到我国的实际国情，采用驾驶里程和驾龄结合对驾驶经验进行定义也是非常有必要的。

8 结论与展望

8.1 主要结论

随着车载传感器技术和计算机技术的快速发展，自动驾驶已经成为未来车辆发展的一个必然趋势。然而，考虑到现实的交通环境承受能力以及社会伦理接受度等方面影响，在较长一段的时期内，人工驾驶和自动驾驶会共同存在。所以，研究不同驾驶模式下的车辆行驶特性以及对其安全性进行评估对提高交通安全性有着重要的意义。尽管国内外专家学者们已经针对人机共驾智能车系统人机切换控制和不同驾驶模式切换的影响因素开展了一定的研究，但仍然存在一些问题急需解决，尤其是在人机共驾智能车系统驾驶模式决策属性选择和建模方面，故有必要针对危险驾驶状态下的人机共驾智能车系统模式选择方法进行研究。

为了研究人机共驾智能车系统驾驶模式的选择时机问题，尤其是在不同驾驶行为险态等级下的模式选择，本研究从驾驶人生理特性检测角度出发设计了驾驶行为险态辨识模拟驾驶实验，采用实车实验采集了对驾驶模式选择产生影响的属性变量，同时基于汽车模拟器设计了多模式智能辅助模拟驾驶系统。考虑到采集的属性种类较多，为进一步对驾驶模式决策属性进行优化和提取，本研究提出了多属性选择算法，并在此基础上实现对驾驶模式选择的决策。本研究的结论主要包括以下几部分内容：

（1）构建了智能辅助模拟驾驶和实车驾驶实验数据采集系统。本研究通过综合分析模拟驾驶和实车驾驶的特点，利用多传感器融合信息采集技术搭建了车辆行驶过程中人-车-路-环境数据采集平台，并在此基础上设计了模拟驾驶和实车驾驶实验。

（2）考虑到驾驶行为险态与驾驶人生理特性的关联性，本研究通过分析模拟实验采集的能够表征驾驶人生理特性变化的指标，采用组合 K-均值聚类方法，分别对不同生理指标组合下的驾驶行为险态辨识结果进行聚类分析，最终得到最佳效果的聚类指标组合，并基于此构建了驾驶行为险态辨识聚类模型。

（3）考虑到智能辅助驾驶实车实验利用多传感器采集了大量的数据特征指标，这些指标之间可能存在冗余性且某些特征指标与驾驶模式选择的关联度不大，本研究提出了改进的马尔科夫毯方法用于进行属性选择。同时，考虑到属性选择的准确性，本研究还融合以信息增益为依据的属性排序方法和多种分类器方法进行驾驶模式决策属性选择，并将两类方法的选择结果与其他常用的属性选择方法进行对比，从属性选择准确性和效率两方面对所提出方法的优势进行了分析。

（4）提出了考虑驾驶行为险态的驾驶模式选择结果标定方法，并对第 4 章中所获取的驾驶模式决策属性在不同驾驶模式下的特性进行了分析。在此基础上，本研究采用遗传算法（GA）优化后的多分类支持向量机（M-SVM）方法构建了人机共驾智能车系统驾驶模式决策模型，并采用 ROC 曲线和多判定指标对模型的准确性进行了评估。

（5）基于模拟驾驶实验数据分析了不同等级人机共驾智能车系统在注视特性、制动特性、转向特性及行驶安全性（包括交通事故数、紧急制动数、紧急转向数、车辆熄火次数和驶出道路次数等）的变化特性，并基于贝叶斯网络方法构建了驾驶安全性评估模型，该模型可用于对搭载不同等级智能驾驶辅助系统车辆的行驶安全性进行评价。

8.2 研究展望

近年来，人机共驾智能车系统方面的研究已经逐步代替安全辅助驾驶和主动安全成为车辆安全方面研究的一个新热点，本研究虽然在人机共驾智能车系统驾驶模式决策属性选择和决策建模方面取得了一定的成果，但仍旧存在一些缺陷和不足，需要通过进一步研究进行完善：

（1）由于人机共驾智能车系统模式选择问题涉及的影响因素比较复杂，本研究研究的驾驶模式是基于驾驶行为险态等级辨识的结果进行选择的，而驾驶行为险态的辨识是利用生理指标的变化完成的。虽然生理特性变化能够反映大部分潜在的危险，但是譬如疲劳驾驶等非常态危险行为的生理指标变化特性往往与本研究中险态下的生理指标变化是不一致的。所以本书的驾驶模式选择问题可能无法满足所有实际的交通场景，后续工作将尝试构建更为合理、全面的驾驶行为险态辨识模型，进而提高算法的实用性，以满足不同驾驶条件下的驾驶模式选择。

（2）考虑到信息采集的难度和成本问题，本研究中采集的驾驶模式影响属性主要为车辆运动状态和驾驶人状态方面，而对路面状态、天气等因素涉及较少，虽然模型结果显示取得了较好的选择效果，但是为了能够更进一步提高决策的准确性，后续工作可重点围绕扩展属性的维度方面展开。

（3）本书提出的人机共驾智能车系统安全性评价方法是借鉴经典的驾驶安全性评价方法进行建模，主要是从驾驶感知、判断和决策操作 3 方面来设计并构建框架模型。考虑到本书研究的是从人工驾驶到自动驾驶的切换，该评价方法基本能够满足要求。但是，当驾驶模式转化变为更加复杂时，该评价方法的适用性还需要进一步深入研究。

参考文献

[1] 国家统计局. 2015年国民经济和社会发展统计公报[EB/OL]. [2016-02-29]. http://www.stats.gov.cn/tjsj/zxfb/201602/t20160229_1323991.html.

[2] 公安部交通管理局.中华人民共和国道路交通事故统计年报：2015[R]. 无锡：公安部交通管理科学研究所，2015.

[3] 张大伟，贺锦鹏，孙立志，等. 道路交通事故类型与诱因分析[J]. 汽车工程师，2015（1）：13-14 +63.

[4] Schoettle B，Sivak M. A preliminary analysis of real-world crashes involving self-driving vehicles[J]. University of Michigan Transportation Research Institute，2015.

[5] Schoettle B，Sivak M. Public opinion about self-driving vehicles in China，India，Japan，the U.S. the U.K. and Australia[J]. university of michigan ann arbor transportation research institute，2014.

[6] Bahram M，Aeberhard M，Wollherr D. Please take over! An analysis and strategy for a driver take over request during autonomous driving[C]//IEEE，2015：913-919.

[7] 杨帆. 无人驾驶汽车的发展现状和展望[J]. 上海汽车，2014（3）：35-40.

[8] 郭孜政，陈崇双，王欣. 基于贝叶斯判别的驾驶行为危险状态辨识[J]. 西南交通大学学报，2009（5）：771-775.

[9] 郭孜政. 驾驶行为险态辨识理论与方法[D]. 成都：西南交通大学，2009.

[10] M Staubach. Factors correlated with crashes as a basis for evaluating Advanced Driver Assistance Systems[J]. Accident Analysis and Prevention，2015，41（5）：1025-1033.

[11] Guo F，Fang Y. Individual driver risk assessment using naturalistic driving data [J]. Accident Analysis and Prevention，2013（61）：3-9.

[12] Weng J，Meng Q. Analysis of driver casualty risk for different work zone types [J]. Accident Analysis and Prevention，2011，43（5）：1811-1817.

[13] 吴志周，陈天姿，张剑桥. 基于隐马尔科夫模型的公交驾驶险态行为辨识方法[C]. 第八届中国智能交通年会优秀论文集，2013：178-186.

[14] De Diego I M, Siordia O S, Conde C, et al. Optimal experts' knowledge selection for intelligent driving risk detection systems[C]//IEEE Intelligent Vehicles Symposium, Proceedings, Spain, 2012: 896–901.

[15] De Diego I M, Siordia O S, Crespo R, et al. Analysis of hands activity for automatic driving risk detection[J]. Transportation Research Part C: Emerging Technologies, 2013（26）: 380-395.

[16] 刘永涛，乔洁，魏朗，等. 危险驾驶行为辨识研究[J]. 计算机工程与设计，2014（4）：1322-1326.

[17] 马国忠，李燕，郭孜政，等. 驾驶行为险态辨识方法[J].公路交通科技，2013，30（7）：113-118.

[18] 郭孜政，陈崇双，王欣，等. 基于 FCM 的驾驶行为险态辨识模型[J]. 吉林大学学报：工学版，2010（2）：427-430.

[19] Dagan E, Mano O, Stein G P, et al. Forward collision warning with a single camera[C]// Intelligent Vehicles Symposium. IEEE, 2004: 37-42.

[20] Eskandarian A, Sayed R, Delaigue P, et al. Advanced driver fatigue research [R]. Washington, DC, Report No. FMCSA-RRR-07-001, 2007.

[21] Siva R K, Narla. The evolution of connected vehicle technology: from smart drivers to smart cars to self—driving cars[J]. ITE Journal, 2013（7）: 22-26.

[22] 孙颖. 基于路径规划的智能小车控制系统研究[D]. 青岛：青岛大学，2007.

[23] 杨明. 无人驾驶车辆研究综述与展望[J].哈尔滨工业大学学报，2006，38（8）：1259-1226

[24] 秦贵和，葛安林，雷鱼龙. 智能交通系统及其车辆自动控制技术[J]. 汽车工程，2001，23（2）：231-235.

[25] 胡海峰，史忠科，徐德文. 智能汽车发展研究明[J]. 计算机应用研究，2004（6）：20

[26] 陈虹，宫洵，胡云峰. 汽车控制的研究现状与展望[J]. 自动化学报，2013，39（4）：322-336.

[27] 罗超. 美国无从驾驶汽车全法化，中国还有多久[EB/OL]. [2016-03-31]. http://tech.163.com/16/0331/15/BJGF3I70000948V8.html

[28] 乔维高，徐学进. 无人驾驶汽车的发展现状及方向[J].上海汽车，2007（7）：21-24.

[29] 陈虹，宫洵，胡云峰. 汽车控制的研究现状与展望[J]. 自动化学报，2013，39（4）：322-336.

[30] 姜允侃. 无人驾驶汽车的发展现状与展望[J]. 微型电脑应用，2019，35（5）：60-64.

[31] Milanés V，Llorca D F，Villagrá J，Pérez J. Intelligent automatic overtaking system using vision for vehicle detection [J]. Expert Systems with Applications，2012，39（3）：3362–3373.

[32] 王建强，迟瑞娟，张磊，等. 适应驾驶员特性的汽车追尾报警-避撞算法研究[J]. 公路交通科技，2009（s1）：7-12.

[33] Korber M，Weibgerber T，Kalb L，et al. Prediction of take-over time in highly automated driving by two psychometric tests[J]. Dyna，2015，82（193）：195-201.

[34] Wu C，Peng L，Huang Z，et al. A method of vehicle motion prediction and collision risk assessment with a simulated vehicular cyber physical system[J]. Transportation Research Part C：Emerging Technologies，2014，47：179-191.

[35] Gemou M. Transferability of driver speed and lateral deviation measurable performance from semi-dynamic driving simulator to real traffic conditions[J]. European Transport Research Review，2013，5（4）：217-233.

[36] Filho C M，Terra M H，Wolf D F. Safe Optimization of Highway Traffic With Robust Model Predictive Control-Based Cooperative Adaptive Cruise Control[J]. IEEE Transactions on Intelligent Transportation Systems，2017，18（11）：3193-3203.

[37] 严利鑫，黄珍，吴超仲，等. 基于危险态势识别的智能车驾驶模式选择[J]. 华南理工大学学报：自然科学版，2016，44（8）：139-146.

[38] Flemisch F O，Bengler K，Bubb H，et al. Towards cooperative guidance and control of highly automated vehicles：H-Mode and Conduct-by-Wire[J]. Ergonomics，2014，57（3）：343-360.

[39] Geyer S，Baltzer M，Franz B，et al. Concept and development of a unified ontology for generating test and use-case catalogues for assisted and automated vehicle guidance[J]. IET Intelligent Transport Systems，2014，8（3）：183-189.

[40] Fu M, Song W, Yi Y, et al. Path Planning and Decision Making for Autonomous Vehicle in Urban Environment [M]. 2015：686-692.

[41] 王韦钰，曲仕茹. 基于模糊神经网络的自动驾驶决策系统研究[J]. 计算机测量与控制，2009，17（9）：1711-1713.

[42] Lu Z，Coster X，De Winter J. How much time do drivers need to obtain situation awareness? A laboratory-based study of automated driving[J]. Applied ergonomics，2017（60）：293-304.

[43] Vlakveld W, Van Nes N, De Bruin J, et al. Situation awareness increases when drivers have more time to take over the wheel in a Level 3 automated car：A simulator study[J]. Transportation research part F：traffic psychology and behaviour，2018（58）：917-929.

[44] Gold C，Happee R，Bengler K. Modeling take-over performance in level 3 conditionally automated vehicles[J]. Accident Analysis & Prevention，2018（116）：3-13.

[45] GOLD C，HAPPEE R，BENGLER K. Modeling take-over performance in level 3conditionally automated vehicles[J].Accident Analysis & Prevention，2018（116）：3-13.

[46] Happee R, Gold C, Radlma Yr J, et al. Take-over performance in evasive manoeuvres[J]. Accident Analysis & Prevention，2017（106）：211-222.

[47] Wiedemann K，Naujok S F，Wörle J，et al. Effect of different alcohol levels on take-over performance in conditionally automated driving[J]. Accident analysis & prevention，2018（115）：89-97.

[48] Gallen R, Hautiere N, Cord A, et al. Supporting Drivers in Keeping Safe Speed in Adverse Weather Conditions by Mitigating the Risk Level[J]. IEEE Transactions on Intelligent Transportation Systems，2013，14（4）：1558-1571.

[49] Nilsson, Jo Sef, Paolo Falcone, et al. Safe transitions from automated to manual driving using driver controllability estimation[J]. IEEE Transactions on Intelligent Transportation Systems. 2014，16（4）：1806-1816.

[50] Grabbe，Niklas，et al. Safety of automated driving：The need for a systems approach and application of the Functional Resonance Analysis Method[J]. Safety Science，2020（126）：104665.

[51] 严利鑫，秦伶巧，熊钰冰，等. 多模式共驾智能车行驶安全性评估研

究[J]. 交通信息与安全，2019，36（3）：1-7+26.
[52] 严利鑫，黄珍，朱敦尧，等. 基于马尔科夫毯和隐朴素贝叶斯的驾驶行为险态辨识[J]. 吉林大学学报：工学版，2016（6）：1851-1857.
[53] Yi HE，Xinping YAN，Chaozhong WU，et al. Evaluation of the effectiveness of auditory speeding warnings for commercial passenger vehicles-A field study in Wuhan，China [J]. IET Intelligent Transport Systems，2015（9）：467–476.
[54] 严利鑫. 驾驶愤怒情绪诱导实验方法研究及应用[D]. 武汉：武汉理工大学，2014.
[55] 严利鑫，黄珍，吴超仲，等. 基于危险态势识别的智能车驾驶模式选择[J]. 华南理工大学学报：自然科学版，2016（8）：139-146+154.
[56] 吴萌. 高速公路匝道区驾驶负荷特性研究[D]. 武汉：武汉理工大学，2013.
[57] Zhang Hui，Yan Xinping，Wu Chaozhong，et al. Effect of Circadian Rhythms and Driving Duration on Fatigue Level and Driving Performance of Professional Drivers [J]. TRANSPORTATION RESEARCH RECORD，2014（2402）：19-27.
[58] 陈弘，刘海，乔胜华，等. 基于三次样条插值的车辆行驶数据分析[J]. 汽车技术，2013（8）：54-57.
[59] 刘立群，吴超仲，褚端峰，等. 基于 Vondrak 滤波和三次样条插值的船舶轨迹修复研究[J]. 交通信息与安全，2015（4）：100-105.
[60] 计智伟. 特征选择算法综述[J]. 电子设计工程，2011，19（9）：89-93.
[61] Dash M，Liu H. Feature selection for classification [J]，Intelligent Data Analysis，1997（1），131-156.
[62] Nakariyakul S. Suboptimal branch and bound algorithms for feature subset selection：A comparative study [J]. Pattern Recognition Letters，2014，45（1）：62-70.
[63] Tsymbal A，Puuronen S，Patterson D W. Ensemble feature selection with the simple Bayesian classification[J]. Information Fusion，2003，4（2）：87-100.
[64] Furlanello C，Serafini M，Merler S，et al. An accelerated procedure for recursive feature ranking on microarray data.[J]. Neural Networks，2003，16（5-6）：641-648.

[65] Kohavi, R.; John, G. H. Wrappers for feature subset selection [J], Articial Intelligence, 1997 (97): 273-324.
[66] Sánchez-Maroño N, Alonso-Betanzos A, Tombilla-Sanromán M. Filter Methods for Feature Selection – A Comparative Study[M]// Intelligent Data Engineering and Automated Learning - IDEAL 2007. Springer Berlin Heidelberg, 2007: 178-187.
[67] Chang L Y, Wang H W. Analysis of traffic injury severity: An application of non-parametric classification tree techniques [J]. Accident Analysis and Prevention, 2006 (38): 1019-1027.
[68] De Oña J, López G, Mujalli R, et al. Analysis of traffic accidents on rural highways using Latent Class Clustering and Bayesian Networks [J]. Accident Analysis and Prevention, 2013 (51): 1-10.
[69] Michalaki P, Quddus M A, Pitfield D, et al. Exploring the factors affecting motorway accident severity in England using the generalised ordered logistic regression model [J]. Journal of Safety Research, 2015 (55): 89-97.
[70] 王刚，黄丽华，张成洪，等. 数据挖掘分类算法研究综述[J]. 科技导报，2006 (12)：73-76.
[71] 李敏，卡米力·木依丁. 特征选择方法与算法的研究[J]. 计算机技术与发展，2013 (12)：16-21.
[72] Peña J M, Nilsson R, Björkegren J, et al. Towards scalable and data efficient learning of Markov boundaries [J], International Journal of Approximate Reasoning, 2007, 45 (2): 211-232.
[73] Tsamardinos I, Aliferis C F, Statnikov A R. Algorithms for Large Scale Markov Blanket Discovery.[C]// International Flairs Conference, 2003: 376-380.
[74] C Aliferis, A Statnikov, I Tsamardino. Local causal and markov blanket induction for causal discovery and feature selection for classification [J]. The Journal of Machine Learning, 2010 (11): 235-284.
[75] Y Zhang, Z Zhang, K Liu, et al, An Improved IAMB Algorithm for Markov Blanket Discovery [J]. Journal of Computers, 2010 (5): 1755-1761.
[76] Chen Z, Wu C, Zhang Y, et al. Feature selection with redundancy-

complementariness dispersion[J]. Knowledge-Based Systems，2015（89）：203-217.

[77] Yang S. On feature selection for traffic congestion prediction[J]. Transportation Research Part C：Emerging Technologies，2013（26），160-169.

[78] 张轮，杨文臣，刘拓，等.基于朴素贝叶斯分类的高速公路交通事件检测[J].同济大学学报：自然科学版，2014，42（4）：558-595.

[79] 丁世飞，齐丙娟，谭红艳. 支持向量机理论与算法研究综述[J]. 电子科技大学学报，2011（1）：2-10.

[80] 于滨，邬珊华，王明华，等.K 近邻短时交通流预测模型[J].交通运输工程学报，2012，12（2）：105-111.

[81] 陈慧萍，林莉莉，王建东，等. WEKA 数据挖掘平台及其二次开发[J]. 计算机工程与应用，2008（19）：76-79.

[82] 袁伟. 城市道路环境中汽车驾驶员动态视觉特性试验研究[D].西安：长安大学，2008.

[83] 孙川，吴超仲，褚端峰，等. 基于车联网数据挖掘的营运车辆驾驶速度行为聚类研究[J]. 交通运输系统工程与信息，2015（6）：82-87.

[84] Rhodes N，K Pivik，M Sutton. Risky driving among young male drivers：The effects of mood and passengers [J]. Transportation Research Part F：Traffic Psychology and Behaviour，2015（28）：65-76.

[85] 付强. 高速公路匝道区域驾驶信息负荷对交通安全的影响研究[D]. 武汉：武汉理工大学，2014.

[86] 周颖，严利鑫，吴青，等. 基于虚拟现实技术的典型动态交通场景的设计与实现[J]. 交通信息与安全，2013（1）：128-132.

[87] Peng L Q，C Z Wu，Z Huang，et al. Novel Vehicle Motion Model Considering Driver Behavior for Trajectory Prediction and Driving Risk Detection [J]. Transportation Research Record，2014（2434）：123-134.

[88] T A Dingus，S G Klauer，V L Neale，et al. The 100-Car naturalistic driving study phase II—Results of the 100-Car field experiment，Chart，2006：810-593.

[89] Yan L，Zhang Y，He Y，et al. Hazardous Traffic Event Detection Using Markov Blanket and Sequential Minimal Optimization（MB-SMO）[J]. SENSORS，2016，16（7）：1084.

[90] 刘永涛，乔洁，魏朗，等. 危险驾驶行为辨识算法研究[J]. 计算机工程与设计，2014（4）：1322-1326.
[91] 李力，王飞跃，郑南宁，等. 驾驶行为智能分析的研究与发展[J]. 自动化学报，2007（10）：1014-1022.
[92] 付荣荣，王宏，张扬，等. 基于可穿戴传感器的驾驶疲劳肌心电信号分析[J]. 汽车工程，2013，35（12）：1143-1148.
[93] Yeo M V M，X Li，et al. Can SVM be used for automatic EEG detection of drowsiness during car driving? [J]. Safety Science，2009，47（1）：115-124.
[94] Lal S K L，Craig A，Boord P，et al. Development of an Algorithm for an EEG-based Driver Fatigue Countermeasure[J]. Journal of Safety Research，2002（34）：321-328.
[95] Montazeri-Gh M，A Fotouhi. Traffic condition recognition using the k-means clustering method [J]. Scientia Iranica，2011，18（4）：930-937.
[96] Tang G，G Zhang，W Zhu. Traffic Pattern Identification of Elevator Group Control System Based on Immune Evolutionary K-means Clustering Algorithm [J]. Computer measurement & control，2005（13）：938-940.
[97] Öz B，Özkan T，Lajunen T. Professional and non-professional drivers' stress reactions and risky driving[J]. Transportation Research Part F Traffic Psychology & Behaviour，2010，13（1）：32-40.
[98] Kumari R，Sheetanshu，Singh M K，et al. Anomaly detection in network traffic using K-mean clustering[C]// International Conference on Recent Advances in Information Technology. 2016：387-393.
[99] 管硕，高军伟，张彬，等. 基于 K-均值聚类算法 RBF 神经网络交通流预测[J]. 青岛大学学报：工程技术版，2014（2）：20-23.
[100] Fayyad U M，Irani K B. Multi-Interval Discretization of Continuous-Valued Attributes for Classification Learning[C]//Proceedings of the International Joint Conference on Uncertainty in AI，1993：1022-1027.
[101] Yu L，Liu H. Efficient feature selection via analysis of relevance and redundancy [J]. Journal of Machine Learning Research，2004，5（4）：1205-1224.

[102] Robnik-Sikonja M, Kononenko I. Theoretical and empirical analysis of relief and relief [J]. Machine Learning, 2003, 53(1-2): 23-69.
[103] 张婧，任刚. 城市道路交通拥堵状态时空相关性分析[J]. 交通运输系统工程与信息，2015（2）：175-181.
[104] Bi J, Vapnik V N. Learning with Rigorous Support Vector Machines[C]// Computational Learning Theory and Kernel Machines, Conference on Computational Learning Theory and, Kernel Workshop, Colt/kernel 2003, Washington, Dc, Usa, August 24-27, 2003, Proceedings. DBLP, 2003: 243-257.
[105] Vapnik W N. 统计学习理论的本质[M]. 张学工，译. 北京：清华大学出版社，2000.
[106] Qian H, Y Mao, W Xiang, Z Wang. Recognition of human activities using SVM multi-class classifier [J]. Pattern Recognition Letters, 2010, 31(2): 100-111.
[107] Chang C C, Lin C J. LIBSVM: a library for support vector machines [J]. ACM Transactions on Intelligent Systems and Technology, 2011, 2(3): 289-396.
[108] Yang A Y A, S J S Jiang, H D H Deng. A P2P Network Traffic Classification Method Using SVM [C]. 2008 The 9th International Conference for Young Computer Scientists, 2008: 398-403.
[109] Chapelle O, Vapnik V, Bousquet O, et al. Choosing kernel parameters for support vector machines[J]. Machine Learning, 2001, 46(1): 131-160.
[110] 张颖璐. 基于遗传算法优化支持向量机的网络流量预测[J]. 北京：计算机科学，2008，35（5）：177-179.
[111] 衣治安，姜丽丽，杜娟. 基于遗传算法的二叉树支持向量机分类方法[J]. 长春理工大学学报：自然科学版，2010（1）：152-155.
[112] 高娟，王海军，张怡然，等. 基于遗传算法和支持向量机的城镇土地定级方法研究[J]. 华中师范大学学报：自然科学版，2014（6）：917-922+929.
[113] Ghofrani F, A Jamshidi, A Keshavarz-Haddad. Internet Traffic Classification Using Hidden Naive Bayes Model [C], In Iranian Conference on Electrical Engineering, 2015: 235-240.
[114] 刘秀清，王晓原，宇仁德. 道路交通事故径向基神经网络预测模型研

究[J]. 计算机工程与应用，2009（17）：188-190.

[115] 李四海，张忠文. WEKA 中的 Id3 决策树算法[J]. 长春大学学报，2011（2）：67-69.

[116] Wulf F, Rimini-Doring M, Arnon M, et al. Recommendations Supporting Situation Awareness in Partially Automated Driver Assistance Systems [J]. IEEE Transactions on Intelligent Transportation Systems，2015，16（4）：2290-2296.

[117] Wang J，Zhou L，Pan Y，et al. Appearance-Based Brake-Lights Recognition Using Deep Learning and Vehicle Detection [J]. IEEE Intelligent Vehicles Symposium，2016：815-20.

[118] 王武宏，曹琦，刘东明. 汽车驾驶员操作可靠性分析及评定[J]. 汽车程，1994（4）：207-213.

[119] Bhandari J，Abbassi R，Garaniya V，et al. Risk analysis of deepwater drilling operations using Bayesian network[J]. Journal of Loss Prevention in the Process Industries，2015（38）：11-23.

[120] Akhtar M J，I B Utne. Human fatigue's effect on the risk of maritime groundings-A Bayesian Network modeling approach [J]. Safety Science，2014（62）：427-440.

[121] Sun S，Zhang C，Yu G. A bayesian network approach to traffic flow forecasting[J]. IEEE Transactions on Intelligent Transportation Systems，2006，7（1）：124-132.

[122] Hosseini S，Barker K. Modeling infrastructure resilience using Bayesian networks：A case study of inland waterway ports [J]. Computers & Industrial Engineering，2016（93）：252-266.

[123] Hänninen M，Kujala P. Influences of variables on ship collision probability in a Bayesian belief network model[J]. Reliability Engineering & System Safety，2012（102）：27-40.

[124] 王武宏. 道路交通中驾驶行为理论与方法[M]. 北京：科学出版社，2001.